U0519448

21世纪普通高等院校系列规划教材

本书为教育部高等教育司2017年第二批产学合作协同育人项目《文化项目管理沙盘模拟实验教程》编写成果（201702138009）；支持企业：成都杰科力科技有限公司

文化项目管理沙盘模拟实验教程

WENHUA XIANGMU GUANLI SHAPAN MONI SHIYAN JIAOCHENG

主　编　苏玫瑰

副主编　高峻峰

西南财经大学出版社

中国·成都

图书在版编目(CIP)数据

文化项目管理沙盘模拟实验教程/苏玫瑰主编 . —成都:西南财经
大学出版社,2019. 11
ISBN 978-7-5504-3976-4

Ⅰ.①文… Ⅱ.①苏… Ⅲ.①文化产业—项目管理—计算机管理
系统—高等学校—教材 Ⅳ.①G114-39

中国版本图书馆 CIP 数据核字(2019)第 121349 号

文化项目管理沙盘模拟实验教程

主 编 苏玫瑰
副主编 高峻峰

责任编辑:植苗
封面设计:杨红鹰 张姗姗
责任印制:朱曼丽

出版发行	西南财经大学出版社(四川省成都市光华村街55号)
网 址	http://www.bookcj.com
电子邮件	bookcj@foxmail.com
邮政编码	610074
电 话	028-87353785
照 排	四川胜翔数码印务设计有限公司
印 刷	郫县犀浦印刷厂
成品尺寸	185mm×260mm
印 张	8.25
字 数	191 千字
版 次	2019 年 11 月第 1 版
印 次	2019 年 11 月第 1 次印刷
印 数	1—2000 册
书 号	ISBN 978-7-5504-3976-4
定 价	28.00 元

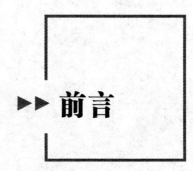

▶▶ 前言

　　《文化项目管理沙盘模拟实验教程》专为应用型人才培养编写，在内容设计上采用行为导向教学方法，综合应用角色扮演、项目教学、头脑风暴和小组讨论等教学方式，将各种文化项目管理知识和技术，如项目工作分解结构（WBS）和网络计划技术、资源与成本优化技术、项目资源的协调控制、项目时间管理的工具、项目风险管理等，融入生动有趣的教学过程中，以达到全面了解文化项目运作的全过程，把握项目运作过程关键要素，掌握文化项目的进度、成本平衡，达到项目回报最大化，真正体验项目团队分工协作，实现技能互补、发挥团队动能的目标。

　　本书结合成都杰科力科技有限公司提供的沙盘系统软件，采用"理论+沙盘操作"的方法，将理论与实训结合，满足应用型人才培养的需要。全书内容共分为七章：第一章介绍了文化项目管理沙盘模拟的基础知识和教学安排；第二章介绍了文化项目管理沙盘模拟的规则，并对每条规则进行了详细解读；第三章介绍了文化项目管理沙盘模拟软件的教师端操作和学生端操作；第四章是以沙盘模拟的方式开展文化项目的选择与竞标；第五章是以沙盘模拟的方式开展文化项目管理的设计与规划，重点讲述了工作分解结构图、进度规划和资源规划；第六章是以沙盘模拟的方式展开对文化项目管理的过程控制，包括费用控制、进度控制、风险控制和品牌投入控制；第七章是对文化项目管理沙盘模拟第一期第1~5个月的操作过程的详细解读。

　　本书是对文化项目管理实践教学的一种大胆创新，全书结构新颖、内容丰富、通俗易懂。本书适合于应用型本科及高职高专等文化管理类专业的学生使用，也可作为自学参考书及培训教材。

　　本书主要由池州学院苏玫瑰老师编写和统稿，亳州学院的岳鹏老师、宿州学院的邢小娥老师和黄山学院的吕尚枝老师也参与了部分章节的编写工作。具体分工如下：第四章第二节理论部分、第六章第二节理论部分由邢小娥老师编写；第六章第一节理论部分、第三节理论部分及第四节理论部分由岳鹏老师编写；第四章第一节沙盘操作、第六章第三节沙盘操作、第六章第四节沙盘操作由吕尚枝老师编写；其余章节由苏玫瑰老师编写。成都杰科力科技有限公司的高峻峰老师对本书部分章节做了精细修改和完善。

本书为编者与成都杰科力科技有限公司合作的国家产学合作协同育人项目成果，在写作过程中也得到了该公司的大力支持，在此表示感谢！

由于编者水平有限，书中难免有错误或疏漏之处，恳请各位读者批评指正，以便再版修订！

编者

2019 年 4 月

▶▶ 目录

第一章

文化项目管理沙盘模拟概述

■**学习目标**

● 了解沙盘模拟的起源
● 掌握沙盘模拟的特点
● 了解文化项目管理沙盘模拟的构成
● 了解文化项目管理沙盘模拟实训的组织方式、教学安排及考核方式

第一节　沙盘模拟的起源及特点

一、沙盘模拟的起源

沙盘起初被用于军事。早在 18 世纪初，波斯帝国在战略上就已广泛地运用了军事行动的模拟，在沙盘上推演训练部队中的干部。在第一次世界大战及第二次世界大战前后，沙盘已经广泛运用于军事上的军事指挥盘，各级指挥官在指挥所的某一盘面上指挥军事行动。

沙盘模拟是作战将领在战前对战争进程的一种形象推演。高级将领围绕几个木制沙盘坐在一起，上面有地形、有兵力部署和人力的配置，在战争开始之前或演进当中，依靠沙盘来推演战争可能的进程。沙盘清晰地模拟了真实的地形地貌，不必使为之服务的对象亲临现场也能对其所关注的位置了然于胸，从而运筹帷幄，制定战略战术决策。战争沙盘模拟推演跨越了通过"实兵"演习检验与培训高级将领的巨大成本障碍和时空限制，得到世界各国的普遍运用。

随后，和许多先进技术一样，沙盘模拟也逐渐由军事技术扩向民用。在现实生活中，我们常见的沙盘是房地产开发商制作的整个楼盘规划布局的微缩模型。这类沙盘一方面有助于楼盘小区开发时的规划布局；另一方面在楼盘销售时，可以用于购楼者了解小区的楼盘布局状况。

在教学领域，为了解决培养优秀管理人才面临的高昂代价，西方知名商学院和管理咨询机构投入大量经费对沙盘模拟推演进行广泛的借鉴和研究，最终开发出一些沙盘模拟教学系统。这种体验式教学，很快便以其独特的教学思路和显著的培训效果受到企业界的一致好评。据统计显示，在 2002 年，世界 500 强企业中就有 80% 的企业已将其作为培养管理者经营管理能力的首选课程纳入企业培训体系之中。20 世纪 90 年代末，外资企业将美国哈佛版沙盘培训模式引入我国，得到了国内企业的广泛好评。北京大学、清华大学、中国人民大学、浙江大学也将其引进，用于 MBA 和 EMBA 的教学。

二、沙盘模拟的特点

目前沙盘模拟已经广泛应用于教育系统、公共行政、经营策略、管理技巧及市场营销培训等方面。各公司开发的沙盘名目繁多，有"企业经营决策沙盘模拟实训""文化项目模拟经营沙盘""企业全面经营管理沙盘模拟""沙盘实践模拟""ERP 沙盘模拟实训"等。"沙盘是模拟一个现实的、不可能实际演练操作的企业实体，又必须从中提前获得相关信息资料，而浓缩在一个模拟盘面上，从而满足各方面需求的一种工具。沙盘就是使用平面或立体模型模拟真实情况，使人对所关注的问题了然于胸，从而运筹帷幄，制定决策。"[①] 和传统的教学方法相比，沙盘模拟具有以下特点：

（一）注重过程、生动有趣

当代认知心理学主张教育应以过程、认知结构和学生为中心，而不是以结果、教材和教师为中心。其中"以过程为中心"涉及"重心转移"，从关注教法转为关注学法，也就是由"要学生学什么"转为"让学生在实践中感悟怎么学"[②]。传统的企业管理课程一般比较枯燥，大多是由教师照本宣科地讲，学生边听边记，再结合一点实际企业例子；而在沙盘模拟教学中，教师通过沙盘模拟实际企业环境进行教学，学生能够亲自动手模拟企业运营并深刻体验企业经营管理过程，课程内容变得生动有趣。

（二）身临其境、体验实战

沙盘模拟课程是让学生通过"做"来"学"，每位学生以实际参与的方式亲自体验企业商业运作的方式。这种体验式教学能够使学生学会收集信息并在将来应用于实践。

（三）管理沟通、团队合作

沙盘模拟课程将学生分成 4~6 个小组，每组代表一个虚拟公司，每组有 4~5 个人，分别担任公司的一些重要职位，如首席执行官、首席财务官、市场总监、生产总监等。当学生身处模拟企业实际运营过程中时，要经常与其小组成员进行沟通、协商，通过这种方式可以培养学生的沟通协调能力，使其学会团队合作。

---

① 王颖，朱媛玲. ERP 沙盘模拟实训教学效果分析［J］. 长春大学学报，2008（5）45~52.
② 苏永刚. 关于开展 ERP 沙盘模拟教学的研究［D］. 成都：西南财经大学，2007.

(四) 直观形象、知行合一

沙盘模拟课程将企业结构和管理的操作全部展示在模拟沙盘上，把复杂、抽象的经营管理理论以最直观的方式让学生体验、学习，能使学生对所学内容理解更透彻、记忆更深刻。同时，在传统的企业管理教学中，学生的一些想法和理念只能是想想而已，而沙盘模拟课程却能让学生把自己的想法和经营管理理念集中在企业模拟经营管理中来充分体验，并能看到自己做的经营决策所产生的实际效果，从而使学生充分展现自我，更好地发挥他们的聪明才智。

第二节　文化项目管理模拟沙盘简介

本书采用的模拟沙盘是由成都杰科力科技有限公司设计和制作，名称为"文化项目管理沙盘实验系统"，它主要由沙盘教具、课程设计、沙盘管理系统软件和学生手册组成。

具体运营工作如下所示：

(1) 组织准备工作。组织准备工作是沙盘模拟实验课程的首要环节。将学生分组，每组一般为 5~6 人，按照沙盘模拟操作职能分别分为项目经理、财务、业务与外联、项目与策划、场务与后勤，并以此组成 6~8 个相互竞争的模拟演艺公司或影视制作公司，开展文化项目管理实训。

(2) 讲解沙盘模拟规则。

(3) 初始状态设定。主要把初始企业的基本情况用沙盘教具呈现在沙盘盘面上，为下一步的文化项目管理做好铺垫。

(4) 文化项目管理竞争模拟。文化项目管理竞争模拟是沙盘模拟实验课程的主体部分，按文化项目管理的年度展开，共分四期：第一期在第 1~5 个月进行；第二期在第 6~10 个月进行；第三期在第 11~20 个月进行；第四期在第 21~30 个月进行。每期进行项目的选择、竞标、规划、控制和收尾的管理工作。

(5) 现场知识讲解与分享。现场知识讲解与分享是沙盘模拟实验课程的重要组成部分。根据每期的项目管理结果，文化项目经理要具体分析有关自己的文化项目管理的成败得失，考察竞争对手的情况，对下一步的项目管理进行必要的调整。教师结合课堂整体情况，找出大家普遍困惑的问题，并对现场出现的问题进行剖析；每组成员结合自己公司的实际情况进行知识分享。

一、沙盘教具

文化项目管理沙盘模拟实验教学以一套沙盘教具为载体。沙盘教具主要包括：①沙盘盘面。沙盘盘面按照文化项目管理的范围划分成费用支付、项目进展、资质认证、材料准备、现金流管理、场地建设六大区域。各区域分别体现了项目管理的所有关键环节：资源规划与控制、进度规划与控制、费用规划与控制，是一个项目管理进程的缩影。②各种标识，如编剧标识、服装道具标识、彩排标识、场地标识、品牌费用标识、剧目标识、利息支出标识、资质认证标识等。③各种不同颜色的币、小圆盘、小方块、中条块和三角形筹码。如粉币代表 1 万元、红币代表 10 万元、绿币代表 100 万元；小圆盘和小方块代表各种不同类型的资源，中条块代表不同类型的场地，方块代表不同类型的风险。④空杯子。用来装各色币。

沙盘盘面如图 1-1 所示。

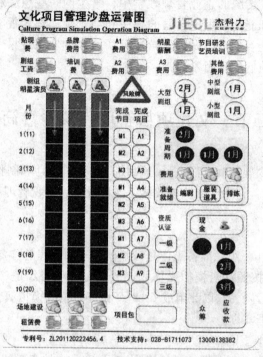

注：沙盘盘面中的"1 月"指第 1 个月，"2 月"指第 2 个月，"3 月"指第 3 个月，以此类推。

图 1-1　沙盘盘面图

二、教学组织

教师每一期组织学生操作的步骤如表 1-1 所示。

表 1-1　教师每一期组织学生操作表

序号	学生步骤	教师步骤
1	➤学生通过 FTP 或 U 盘把各公司操作文件拷到本地电脑 ➤学生按照学生手册布置初始状态的盘面	➤把装有电子分析工具的加密 U 盘在教师机上导出"学生文件"文件夹，或将此文件夹在 FTP 上设为共享，引导学生找到各公司操作文件 ➤打开电子分析工具——文化项目管理沙盘主控台. xls，点击"教学管理"按钮，录入各组信息。（此步骤仅限于初始年）
2	➤学生进入各公司操作文件的"第一期项目计划"，清空盘面各项费用筹码，填写本期进度计划和现金流计划	➤教师提醒学生注意规则，并规定本期运营时间（第一期和第二期运营时间建议为 3 个小时，其他各期为 2~2.5 个小时）

表1-1（续）

序号	学生步骤	教师步骤
3	➤在各公司操作文件的"第一期过程控制"中按步骤操作，学生填写竞标单，获取各类业务订单	➤点击"项目竞标"按钮，组织学生业务竞标 ➤教师收集学生竞标单，在电子分析工具教师操作主界面，输入数据，根据排名分配各类业务订单，并记录在表格中 ➤教师注意指导各组交叉检查项目分解图、甘特图、现金支出计划表是否填写正确 ➤从第四周开始，教师在每一期运营结束前15分钟，可以选择点击"风险模拟"，宣布本期风险事件 ➤教师观察每一组运营情况，判断运营比较困难的学生，给予指导 ➤教师每期选派成绩较好的小组分享经验 ➤教师根据学生所犯错误，每期选择一个主题，在每期运营结束后与大家一起分享
4	➤绩效查看，学生在各公司操作文件中点击"第一期绩效管理"，可以看到本期运营成本和绩效	➤每运营完一年后，待所有小组的报表文件拷回到加密U盘相应班级后，教师回到电子分析工具主界面，点击"教学管理"下的"团队评分""成员评分""全部成绩"按钮，统计成绩

三、沙盘管理系统软件

为了配合各专业开展文化产业项目管理实训相关课程的教学，成都杰科力科技有限公司开发了"文化项目管理沙盘实验系统"课程软件，以对各组文化项目管理情况进行实时记录、监督、考核以及评价。该软件由"初始小组数量""项目竞标""明星演员竞标""好评率""风险模拟""各组运营过程""各小组绩效""团队评分""小组成员评分""全班成绩"10个模块组成，如图1-2所示。

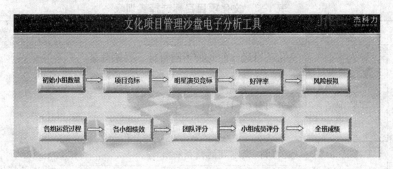

图1-2　文化项目沙盘主控台界面

四、学生手册

《学生手册》对"文化项目管理沙盘实验系统"进行了简单介绍，描述了模拟公司的概况，解释了模拟竞争的规则，并提供了公司每期项目管理模拟中用到的表格、辅助计算工具等，以利于该沙盘模拟课程的具体进行（教材将在最后附上公司每期运营表格）。

具体内容见第二章。

第三节 文化项目管理沙盘模拟的教学安排

一、沙盘实训的基本信息

（一）基本教学信息

课程名称：文化产业项目管理实训　　　课程性质：专业核心课

适用范围：文化产业管理及相关专业　　考核方式：考查

学时数：16　　　　　　　　　　　　　学分数：1

实验教学教具：文化项目管理沙盘实验系统，由成都杰科力科技有限公司提供

（二）基本实训内容

模块一：文化项目目标选择实训

模块二：文化项目筹备与资源配置实训

模块三：文化项目时间进度管理实训

模块四：文化项目沟通与团队合作实训

模块五：文化项目成本收益与营销管理实训

模块六：文化项目后期质量与风险管理实训

模块一：文化项目目标选择实训（表1-2）

表1-2　文化项目目标选择实训表

一级模块	二级模块	实验项目名称	涉及知识点
文化项目目标选择实训	导入培训	文化项目运作的几种不同目标，案例分享	①文化项目调研 ②文化主题分类 ③文化项目定位 ④项目选择
	实验准备	各公司分析在哪些情况下选择不同运作目标	
		各公司分析目前市场竞争情况	
		各公司分析不同文化项目包的优劣	
	实验实施	各公司提交本期运营目标	
		各公司圈定目标项目包	
		各公司分析对手竞标方案	
		各公司制订竞标方案	
		选择目标项目包并展示说明目标与选择理由	
	实验总结	总结竞标方案的优劣	
		总结不同市场环境中的目标差异	
		总结项目选择的技巧	

（1）实训流程（工作程序）

①建立 8 支项目团队（每队均由 5~6 人组成），分设项目经理、财务经理、业务与外联经理、节目与策划经理、场务和后勤经理岗位。

②规则介绍。

③各项目团队公布自己的名称、团队口号与发展目标。

④各团队分析竞争环境和项目包的侧重点。

⑤各项目团队分析对手竞标方案，并调整自身的运营目标，制订相应的应对方案。

⑥根据自身运营目标，选择目标项目包，说明项目选择理由。

⑦教师分享知识点：文化项目定位与设计.ppt（在加密 U 盘文件夹 2 内，下同），让学生依据所拿的项目包进行项目定位、主题确定、内容设计。

⑧学习案例："红河谷——世界第一高桥旅游景区"项目建议书.doc 和马蹄峪乡村旅游项目建议书.doc。

（2）实训成果

文化项目定位与主题建议书。

模块二：文化项目筹备与资源配置实训（表 1-3）

表 1-3　文化项目筹备与资源配置实训表

一级模块	二级模块	实训名称	涉及知识点
文化项目筹备与资源配置实训	岗前培训	文化项目上下游产业资源概述	①文化项目资源管理关键技术和方法 ②文化项目衍生产品发展
		文化项目涉及的资源与重要性分析	
	业务准备	熟悉文化项目资源管理的 3 个管理过程	
		掌握文化项目资源管理的关键技术和方法	
		了解文化项目的责任分配	
		熟悉文化项目衍生资源	
	业务实施	确定文化项目关键资源的责任分配	
		计算文化项目资源负载	
		平衡财务预算与财务资源	
	工作总结	总结文化项目的资源平衡状况	
		总结文化项目资源管理关键技术的应用	

（1）实训流程（工作程序）

①归纳文化项目涉及的资源要素。

②根据决策分工，各自协调剧组、场地关键资源。

③平衡财务预算与财务资源。

④教师分享知识点：文化项目筹备.ppt 和文化项目策划——衍生发展.ppt，了解异业结合的不同方式，思考在本课程中如何开发衍生品。

⑤教师分享知识点：文化项目策划.ppt。阅读并分析案例：大型文艺晚会策划方案.ppt 和大型文艺汇演策划案.doc。了解项目策划的内容。

⑥带领学生进行文化项目可行性研究，依据为可行性报告案例：关于石林《阿诗玛》旅游演艺项目的可行性研究报告．pdf。

⑦学习案例：电影《人山人海》赞助策划方案．ppt；案例—"中国·沭阳文化产业园"可行性报告．doc；某生态农业示范园建设项目可行性研究报告．doc；生态农业旅游休闲观光园项目可行性报告（范本）．doc。

（2）实训成果

文化项目策划内容与格式要求。

模块三：文化项目时间进度管理实训（表1-4）

表1-4　文化项目时间进度管理实训表

一级模块	二级模块	实训名称	涉及知识点
文化项目时间进度管理实训	岗前培训	文化项目时间管理的5个过程	①工作分解结构（WBS）②甘特图与网络图③CPM（千人成本）和PERT（计划评审技术）
		甘特图与网络图的基本步骤	
	业务准备	熟悉文化项目时间管理的5个过程	
		掌握时间进度的分析技术	
		掌握PERT的关键技术	
		掌握项目结构分解的方法	
	业务实施	对中标项目进行工作分解结构（WBS）	
		确定各工作的完成时间与先后顺序	
		绘制网络图	
		确定关键路径	
		完成甘特图	
	工作总结	项目时间计划评审总结	
		总结项目成本与时间的权衡	

（1）实训流程（工作程序）

①各团队对文化项目主要工作进行分解。

②确定各工作的先后顺序。

③确定各工作的完成时间。

④画出网络图。

⑤找出关键路线。

⑥绘制甘特图。

⑦对比项目计划时间与项目要求之间的差异，并提出改进方案。

⑧教师分享知识点：文化项目的组织与进度规划．ppt，对项目进行工作分解结构并学习工作分解结构（WBS）规则，对项目进行进度规划。

⑨学习案例：大型文艺汇演策划案．doc和大型文艺晚会策划方案．ppt。

（2）实训成果

项目计划评审与改进方案。

模块四：文化项目沟通与团队合作实训（表1-5）

表1-5　文化项目沟通与团队合作实训表

一级模块	二级模块	实训名称	涉及知识点
文化项目沟通与团队合作实训	岗前培训	项目冲突的几种类型	①项目冲突来源分析 ②项目冲突解决 ③项目沟通管理过程
	业务准备	项目团队成员之间相互认识	
		准备职业能力与性格测评工具	
		学习冲突解决的几种常用方法	
		制订冲突发生时的各种预案	
	业务实施	团队之间破冰活动	
		团队成员职业能力与性格测评	
		职位分配与述职	
		分析产生冲突的原因	
	工作总结	冲突来源的几种类型	
		解决不同冲突的关键措施	

（1）实训流程（工作程序）

①教师组织各项目团队进行"破冰"活动。

②各项目成员在分配角色时，进行职业能力与性格测评，选出最适合职位。

③制订冲突发生时的预案。

④每一期的各项目总结是否存在沟通问题或内部冲突。

⑤分析各冲突产生的原因。

⑥针对各冲突实施解决方案。

（2）实训成果

项目冲突来源与解决措施总结。

模块五：文化项目成本收益与营销管理实训（表1-6）

表1-6　文化项目成本收益与营销管理实训表

一级模块	二级模块	实训名称	涉及知识点
文化项目成本收益与营销管理实训	岗前培训	文化项目营销的4个过程	①文化项目 ②成本控制 ③文化项目营销
		文化项目营销渠道	
	业务准备	熟悉文化项目涉及的各项渠道	
		估算营销成本与收益	
		理解直接成本与间接成本的意义	
		运用4P理论分析文化项目营销要素	
	业务实施	计算项目成本	
		对比项目成本与收益	
		针对损益表进行成本和收益分析	
	工作总结	项目成本分析总结	

（1）实训流程（工作程序）

①每一期，各项目团队针对不同项目进行营销策划。

②在各项目营销实施过程中，严格按预算控制成本。

③分析项目营销渠道，分析各渠道营销成本与受众数据。

④分项目进行成本和收益分析。

⑤总结存在的问题。

⑥提出成本节约措施。

⑦教师分享知识点：文化项目市场营销.ppt，为自己公司所得的项目包进行文化项目的消费者行为分析、细分市场、目标市场分析、竞争与定价、市场推广。

⑧教师分享知识点：文化项目运作特点.ppt，从两个方面出发分析项目运作与管理的特点。一是影响电影投资-回报率的规律性因素，即影片内容、投资预算、电影营销；二是电影产业投资回报的偶然性悖论——高投资≠高回报。

⑨学习案例：某大型旅游项目开发建议书——旅游度假休闲项目开发建议及效益评估报告.doc。

（2）实训成果

项目成本分析与营销改进方案。

模块六：文化项目后期质量与风险管理实训（表1-7）

表1-7 文化项目后期质量与风险管理表

一级模块	二级模块	实训名称	涉及知识点
文化项目后期质量与风险管理实训	岗前培训	文化项目质量管理的3个过程	①文化项目后期质量 ②风险识别 ③风险管理计划
		后期质量管理的要求	
	业务准备	熟悉项目风险的一般来源	
		掌握项目风险识别的一般方法	
		学习解决风险的几种常用方法	
		制定风险发生时的各种预案	
	业务实施	分析项目涉及的质量控制点	
		提出质量控制点的监控措施	
		识别项目运营过程中可能存在的风险	
		实施风险管理计划	
	工作总结	风险管理计划	

（1）实训流程（工作程序）

①分析项目的质量控制点。

②制定质量控制点的监控措施。

③识别项目运营中的定量与定性风险。

④制订风险管理方案。

⑤实施质量控制计划与风险管理计划。

⑥教师分享知识点：文化项目投资与质量管理.ppt，重点关注文化项目投资的风险管理，通过对项目风险识别、分析、应对、监控4个过程进行风险管理。

（2）实训成果

风险管理计划。

二、沙盘实训的实践环节

用文化项目管理沙盘对项目管理进行全过程的体验。

（一）实训的组织

每次实训将进行4次项目任务的推演，第一期由实训教师带领推导；第二期、第三期和第四期完全由学生自由推导，并形成小组之间的相互竞争，以此来完成本次实训。所以，建议学生在学完文化产业项目管理课程之后，集中两天在专业的文化项目实训室里组织开展实训。

实训室共有8台电脑可供学生实训，为了保证学习效果，每组人数控制在5~6个，每次实训可容纳40~48人。若超出48人则人数过多，建议分批次实训。

（二）实训具体日程的安排，如表 1-8 和表 1-9 所示

表 1-8　实训日程安排表

时间	内容
第一天 9：00—12：00	分组、基础规则讲解、第一期引导学习
第一天 14：00—17：00	第二期经营、点评、知识点分享（主题：文化项目选择、竞标及规划管理）
第二天 9：00—12：00	第三期经营、点评、知识点分享（主题：文化项目进度管理、费用管理及绩效管理）
第二天 14：00—17：00	第四期经营、点评、知识点分享（主题：文化项目风险管理及项目团队沟通管理）

表 1-9　每期项目运营时间安排表

内容	时长安排
项目规划及竞标方案	10 分钟
每组按照竞标规则进行竞标	10 分钟
项目具体计划的制订和完善	20 分钟
组织项目实施	60 分钟
总结、点评及经验分享	20 分钟

三、实验报告

（一）实验报告的撰写

实验报告可按此格式，学生统一使用，实验完毕后，根据预习和实验中的现象及数据记录等，及时而认真地写出实验报告，教师批改后下发给学生，实验考试完毕后实验室收回存档。

（1）题目：文化项目管理沙盘实验报告（统一名称）。

（2）格式：Word+图片或录像。

（3）提交形式：上传百度文库或豆丁（或其他网站），要求在百度中能搜索到。

（4）内容：完成各个 ppt 的任务；有关本组文化项目沙盘决策的相关总结，尽量用图形与数据说明。

（5）注意事项：请不要粘贴学生手册规则、操作表格、报表，粘贴篇幅超过 10% 视为抄袭。请不要按每一期为标题记录决策过程，请以知识点为标题。

（二）实验报告的评分

1. 评分标准

实验报告占 30%，分为 3 个维度，如表 1-10 所示。

表 1-10　实验报告评分标准表

维度	总分值	教师评分（50%）	学生评分（50%）
维度一：分享生动性。由教师临时随机指定各组一名学生，代表本组成员向全班同学分享本组的实验报告。学生在分享过程中越大方，分享的内容越生动有趣，则得分越高。	10分	5分	5分
维度二：专业深度。在学生分享的实验报告中，应用知识点越多、数据分析越深入、越能解释各步骤的决策问题，得分则越高。	10分	5分	5分
维度三：实验报告文档美观大方。不规定文档统一格式，但要求商务、专业、简洁、形式丰富而不花哨。	10分	5分	5分

2. 评分规则

（1）每组只给其他组打分，不能给自己组打分；

（2）每组得分由其他各组评分的平均分（占50%）和教师评分（占50%）组成。

（3）每个维度采取强制排名，分成4个等级，每个等级至少相差一分。

第四节　文化项目管理沙盘模拟的教学考核

个人成绩采用个人计分（百分制）的规则，即团队计分（60%）+ 团队意识内部评价（20%）+ 考勤评分（20%）。

1. 团队评分

团队评分的评定方法由系统直接换算出来，评分标准界面如图1-3所示。

各组排名得分									
公司/小组		A	B	C	D	E	F	G	H
第1~4期	抢答与分享次数	3	4						
第2期	项目组织得分								
第3期	项目组织得分								
第4期	项目组织得分								
团队得分构成	项目组织累计得分 30%								
	抢答与分享次数得分 10%	7.5	10						
	实验报告评分（百分制）	67	87						
	实验报告得分 30%	23.1	30						
	四期利润总和	52	52						
	利润排名得分 30%	30	30						
各项得分汇总		60.6	70						
小组总评分		87	100						

图1-3　评分标准界面

团队计分：利润总和排名（30%，排名第一的得30分，越靠近第一的得分越高）、项目组织累计得分（30%）、实训报告得分（30%）、抢答与分享次数得分（10%）。

2. 团队意识内部评价

项目管理注重团队合作及团队建设。该项评分主要采用教师评分、组长评分及内部成员互评的方式来确定。

3. 考勤评分

考勤评分标准主要是按照出勤率考核：病事假/迟到/早退扣 2 分/次，缺席扣 5 分/半天。

成绩考核采用百分制。

学生考核（考试）成绩达到 60 分以上者，可取得该综合实训课程的学分。

复习思考题

1. 沙盘模拟教学有什么特点？
2. 文化项目管理模拟沙盘由哪些部分组成？其沙盘盘面划分为哪几大区域？
3. 如何组织文化项目管理模拟沙盘教学？
4. 如何考核文化项目管理模拟沙盘教学效果？

参考答案请见本书配套 ppt。如需配套 ppt，请联系成都杰科力科技有限公司（028-81711073）。获取更多习题练习，请扫码关注微信公众号：上课宝。

第二章
文化项目管理沙盘模拟规则的介绍与解读

第一节　沙盘模拟软件的背景资料

在本次沙盘模拟培训中，学生将分组经营数家文化演艺公司，每家公司主要业务是通过不断推出新的演出节目从中获取收入。公司需要根据演出市场的项目需求筹划新节目，并做好演艺项目的整体运营，如彩排场地、服装与道具、编剧、彩排、剧组等；同时，还要考虑现金流量、应收账款、众筹、工资、行政费用、业务推广、利息、应交税金等。各项运营用移动的"筹码"和特殊道具来表现。由此，学生的每一步决策对项目整体经营的影响将在沙盘上一一展现。

模拟经营分为若干经营周期，每个周期要经历 3 个阶段。

（1）制订和实施项目计划（包括组织编剧、彩排、服装道具、招募剧组、获取项目、研究竞争对手、分析定价等）。主要需要填写表 2-1、表 2-2 和图 2-1。

表 2-1　中标项目登记表

序号	项目组成	定金	支付	尾款	总金额	应收账期	资质要求

注：由于沙盘道具最低金额为 1 万元，所以本书所有涉及金额部分的单位均为万元。

表 2-2 进度计划甘特图

计划	第 1 个月	第 2 个月	第 3 个月	第 4 个月	第 5 个月
A1（创意设计）					
A2（项目规划）					
A3（市场调研）					
A4（精品汇演）					
A5（小型商演）					
A6（综合商演）					
A7（综合商演）					
A8（综合商演）					
A9（大型综合商演）					
准备服装与道具（ ）套					
准备编剧（ ）套					
准备彩排（ ）轮					
招募剧组（ ）个（ ）型					

工作分解结构图（WBS）：　　　　　　　　网络图：

图 2-1 中标项目的工作分解结构图（WBS）和网络图

（2）参与市场竞标，争取项目订单，编制该预算与报表。在这一步，需要填写表 2-3 和表 2-4。

表 2-3 （ ）公司竞标单

周期	第 1~5 个月	第 6~10 个月	第 11~20 个月	第 21~30 个月
上期好评率				
拖期（月）				
品牌宣传费（万元）				
价位选择（高、中、低）				
已有资质				
备选项目排序				
一线演员薪酬（不低于 17 万元/节目）				
需要一线演员人数（人）				
一线明星平均每人演出几个节目				
二线演员薪酬（不低于 12 万元/节目）				

表2-3(续)

周期	第1~5个月	第6~10个月	第11~20个月	第21~30个月
需要二线演员人数（人）				
二线明星平均每人演出几个节目				
三线演员薪酬（不低于7万元/节目）				
需要三线演员人数（人）				
三线明星平均每人演出几个节目				
本期节目研发与艺员培训费率				

表2-4　每期项目现金支出规划表

计划	第6个月	第7个月	第8个月	第9个月	第10个月
剧组费用与明星费用					
服装道具、编剧与排练费用					
场地建设或租赁费用					
期间费用（品牌宣传费等）					
项目前期费用（A1/A2/A3）					
资质认证费用					
总费用					
项目收款与其他回款					
众筹、贷款收入					
期末剩余资金					

（3）结算经营结果，总结经验教训，教师适时点评，解读项目管理决策要点。在这里需要填写图2-2和表2-5。

综合费用明细表
单位:万元

项目	本期数
节目研发与艺员培训费	
资质认证	
品牌宣传费用	
场地租赁	
其他费用（拖期罚金）	
贴现手续费	
无法收回的应收款	
合计	

利润表
单位:万元

项目	本期数
总收入	
排练、服装道具、编剧	
剧组工资和明星薪酬	
总毛利	
综合费用	
创意设计/市场调研/项目规划费用	
利润	
众筹分红	
总利润	

图2-2　每期项目成本—收益分析情况展示图

表 2-5　每期项目结束后的总结表

个人总结：你有哪些新的体验和收获？	团队总结：
	项目计划的可行性：
	项目的执行与控制：
	项目目标的实现情况：
	项目团队的配合情况：

　　竞争到最后，有的公司无力回天，破产清算；有的公司苦苦支撑，平庸依旧；有的公司则力挽狂澜，起死回生。起点是一样的，但随着不同的结果，会带来不同的反思。

　　初始状态：公司有（　　　）万元的现金和（　　　）万元 2 个月的应收款。

　　解读：初始状态是沙盘推演时规则给定的起始状态，现金是公司的启动资金，应收账款是上一个项目按规定在 n 个月后才会到期的账款。现金、应收款是公司的现金流量，它对公司的日常运作起到重要作用。

　　注：因涉及知识产权问题，规则部分涉及的相应数据统一采取"（　　　）"的方式，请购买正版的由成都杰科力科技有限公司制作的《文化项目管理沙盘实训系统》，并配套阅读。

第二节　市场资质与融资规则

一、市场资质规则（表 2-6）

表 2-6　市场资质规则表

资质认证	三级	二级	一级
所需投资	（　　　）万元	（　　　）万元	（　　　）万元
相关条件	期末时（　　　）个大型剧组	期末时（　　　）个自有大型场地	期末时（　　　）个大型剧组、（　　　）个自有大型场地

　　注意：资质认证向下兼容。从第三期开始，有些项目需要不同级别资质。

　　解读：（1）从第三期开始有些项目需要不同的级别，如果公司进行了资质认证，那么在后面的项目竞标中则占有优势。

　　（2）资质认证分为三个级别，遵行三级<二级<一级的规则；同时资质认证向下兼容，即一级可以接二级、三级的项目，二级可以接三级的项目，但三级不能接一级、二级的项目，二级不能接一级的项目。

　　（3）相关条件是公司准备建立资质认证时必须具备的先决条件，比如说想要进行二级认证时，必须是已经完成（　　　）个自有大型场地的建设，而不是一边投入所需投资（　　　）万元，一边开始或正在建设场地。

　　（4）由于第一期是由教师带领，所有公司完全一样，所以没有资质认证。如果公司想从第三期开始接有资质的项目，那么从第二期就必须在一开始就完成先决条件，以保证期末时能够完成资质认证。

（5）由于资质认证所需各种投资是直接计入当期成本的，会对当期现金流以及利润造成压力，所以项目团队需要综合考虑是否需要认证。

二、融资规则（表2-7）

表2-7　融资规则

融资类型	规则
众筹	小组之间也可相互众筹，当期末分红还本
应收款提前贴现	每月1%，向上取整

注意：众筹需要签订协议文本（协议见附件），待项目完成后，发起众筹的一方需要针对项目收益情况去处理本次众筹事宜。

解读：（1）众筹项目有风险，需双方基于公平、自愿的原则发起和认购，并签订众筹协议书。

（2）项目完成后，需分析本次众筹项目的成本构成。若有盈利，需及时按照约定分配到期权益并归还本金；若是亏损，需扣除众筹人应承担比例后，归还其剩余本金。

（3）如有应收款也可提前贴现，每提前一个月须支付手续费1%，并向上取整。

第三节　各类节目制作、剧组招募、编剧彩排与道具规则

一、各类节目制作所需资源类型及数量（表2-8）

表2-8　各类节目制作所需资源类型及数量

节目	所需工作	数量
零散类节目 M1	服装与道具	（　　）套
	编剧	（　　）套
	彩排	（　　）轮
一般类节目 M2	服装与道具	（　　）套
	编剧	（　　）套
	彩排	（　　）轮
精彩类节目 M3	服装与道具	（　　）套
	编剧	（　　）套
	彩排	（　　）轮

注意：在表2-8中，M1、M2、M3表示不同类型的节目，并不表示单个节目。学生模拟的公司演出场地比较固定，由于观众不愿意看到相同节目的重复演出，因此，1

个节目在各项目包中只能使用 1 次，各类节目需要持续不断地推陈出新。公司之间不能互相转让节目。

解读：（1）服装与道具、编剧和彩排是各类节目所需的资源类型。每一种节目所需的资源数量也有明确的规定，在编制资源规划时，可以按照规则进行统一规划。

（2）M1、M2、M3 表示不同类型的节目，并不表示单个节目。也就是说 M1、M2、M3 只表示节目类型，不能表示节目内容。如果按照规则必须做 2 个 M1 时，只表示做 2 个零散类节目，而这 2 个零散类节目的代号一样，但内容是完全不同的，不能重复。

（3）1 个节目在各项目包中只能使用 1 次，各类节目需要持续不断的推陈出新。也就是说，M1、M2、M3 仅仅是节目类型的代号，代号相同但具体的表演内容是不相同的。如果某项目包需要 2 个 M2，意味着需要准备 2 个 M2 所需的资源类型、数量，而不是同一个表演内容的 M2 进行 2 次。

二、剧组招募、编剧彩排与道具规则

剧组招募、编剧彩排与道具规则如表 2-9 和表 2-10 所示。

表 2-9　剧组招募规则表

剧组要求	剧组工资	招募期
小型剧组	（　　）万元/月	1 个月
中型剧组	（　　）万元/月	1 个月
大型剧组	（　　）万元/月	2 个月

注意：剧组待岗时也需付工资。

解读：（1）多个剧组、多种类型的剧组可以同时招募，不考虑参与招募工作人员的数量问题。

（2）剧组招募期不需要支付费用，但招募期结束后剧组正式上岗时，从彩排开始就需要支付工资。项目结束后，剧组自动结束，不需要支付辞退费。但如果要进行资质认证，必须一直支付工资。

（3）一般来讲，精品汇演和小型商演采用小型剧组，综合商演采用中型剧组，大型综合商演采用大型剧组。剧组是可以兼容的，如果 1 个项目包括 1 个精品汇演、1 个小型商演，那么可以采用 2 个小型剧组，也可以采用 1 个中型剧组；如果 1 个项目包括 2 个综合商演，那么可以采用 2 个中型剧组，也可以采用 1 个大型剧组；以此类推。

表 2-10　编剧彩排与道具规则表

资源类型	费用	准备提前期
编剧	（　　）万元/1 套	2 个月
服装与道具	（　　）万元/1 套	1 个月
彩排	（　　）万元/1 轮	1 个月

注意：从第二期开始，市场将根据供求情况调整以上价格。服装与道具以及编剧这两种资源类型在提前准备时就要先支付费用，且不可以互相转卖。假定彩排可与服

装道具同时进行，则编剧进行一半后才能彩排和准备服装与道具；同时，在彩排之前需招聘到剧组。

解读：（1）正式演出前的工作类别统称为前期准备（B），包括 4 项基本工作，即编剧（B1）、招募剧组（B2）、服装与道具（B3）、彩排（B4）。

（2）按照上面的规则，使用中小型剧组的项目，可以同时开展编剧工作和招募剧组工作，1 个月后剧组招募结束即可开始准备服装道具与彩排；使用大型剧组的项目，可以同时开展编剧工作和招募剧组工作，1 个月后可开始准备服装道具，但 2 个月后才可开始彩排。

（3）从第二期开始，市场将根据供求情况调整相关价格。在具体沙盘推演进行时，由教师决定是否涨价以及涨价的幅度。

第四节　舞台场地、明星演员与演出项目基本构成

一、舞台场地规则

舞台场地规则见表 2-11 所示。

表 2-11　舞台场地规则表

场地	舞台个数	建设费	建设周期	租赁费（5 个月）
小型场地	1	（　）万元/月	1 个月	（　）万元
中型场地	2	（　）万元/月	1 个月	（　）万元
大型场地	3	（　）万元/月	2 个月	（　）万元

注：根据表 2-11 所知，舞台场地一次租期为 5 个月，需一次性付款，如果提前退租，租金不退。大型场地 3 个舞台表示可以同时完成 A4～A9 之中的任意 3 个，其他依此类推。

企业之间不能相互转让或租赁舞台场地。舞台场地一次租期为 5 个月，需一次性付款，如果提前退租，租金不退。

解读：（1）舞台场地可以租赁，也可以建设。舞台场地一次租期为 5 个月，一般在项目开始彩排前 1 个月租赁到位。

（2）舞台场地也可以建设，它是资质认证的先决条件之一。但由于舞台场地建设所需的资金是计算到当期的成本，会对当期的现金及利润产生压力；同时场地建设所需要的时间也会给当期的工程进度造成影响，所以项目团队需要综合考虑各种因素，并决定是否建设以及建设何种类型的舞台场地。

（3）一般而言，精品汇演和小型商演采用小型舞台场地，综合商演采用中型舞台场地，大型综合商演采用大型舞台场地。场地与剧组一样也是可以兼容的，即如果 1 个项目包括 1 个精品汇演和 1 个小型商演，那么可以采用 2 个小型舞台场地，也可以采用 1 个中型舞台场地；如果 1 个项目包括 2 个综合商演，那么可以采用 2 个中型舞台场地，也可以采用 1 个大型舞台场地；依此类推。

明星演员能提高好评率。若好评率高，则可获得甲方卖座分红奖励，且对下期竞标有帮助。明星演员有档期，当 M1、M2、M3 全部设计完成后，明星演员须全程参与彩排直至演出完毕。明星演员最低心理薪酬如表 2-12 所示。明星演员采取竞标制，薪酬高者得，薪酬如相同则按提交顺序优先。

每位明星演员在档期内每期演出节目上限为：第一期、第二期 2 个节目；第三期、第四期周期较长，可演 4 个节目。

表 2-12　明星演员最低心理薪酬

明星类别	每人最低心理薪酬
三线明星	（　　）万元/节目
二线明星	（　　）万元/节目
一线明星	（　　）万元/节目

解读：

（1）各类明星演员数量有限（此处由教师设定），在明星竞标时，由价高者先选，一旦规定数额选完，其他小组便不可再选。

（2）明星演员有档期要求，在档期内各小组可以决定由明星演员演出几个节目。在同一期内，一旦一位明星归属于某一个小组，不可再转换其他公司。假如明星甲在第三期归属 A 公司，按档期要求他在本期可以完成 4 个节目，如果 A 公司只用其完成 2 个节目，那他也只能归属 A 公司，不能转换其他公司；如果 A 公司用明星甲完成 4 个节目，那他的全部任务完成后，既不能再在本期替 A 公司完成第 5 个节目，也不能替其他组完成节目。也就是说，明星的档期只与每一期有关，与节目多少无关。

（3）待每一期项目结束，明星资源将被清零，下一期重新再竞争。

（4）明星从彩排开始参与工作，但彩排期间不用支付费用，正式演出开始时支付费用。费用可以一次性付清，也可以分期支付。

第五节　其他相关规则的介绍与解读

其他相关规则的介绍如表 2-13 所示。

表 2-13　其他相关规则的介绍

其他相关规则	规则介绍
节目研发与艺员培训	此费用比率影响好评率
风险系数	系统随机给出各项目可能会遇到的设备故障或剧组矛盾，此时公司会停工

解读：（1）节目研发与艺员培训是由各家公司自行制定的，投入的金额占总收入的比率，将会影响观众对演出节目的评价，进而影响项目竞标。

（2）风险系数：在真实的项目运作中会出现各种风险，在后文的风险章节中将详细论述。

复习思考题：

一、单选题

1. 二级资质的文化演艺公司所需投资额为（　　　）。

A. 5 万元

B. 10 万元

C. 15 万元

D. 不需要投资

2. 服装与道具的费用为（　　　）。

A. 0.5 万元/套

B. 1 万元/套

C. 1.5 万元/套

D. 2 万元/套

3. 一线明星演员的最低心理薪酬为（　　　）。

A. 7 万元/节目

B. 1 万元/节目

C. 2 万元/节目

D. 10 万元/节目

4. 一般类节目 M2 需要服装与道具（　　　）套、编剧（　　　）套、排练（　　　）轮。

A. 1；2；2

B. 1；1；1

C. 1；2；1

D. 2；2；2

5. 文化项目分为（　　　）种。

A. 6 种

B. 7 种

C. 8 种

D. 9 种

6. A9（大型综合商演）的紧前作业包括（　　　）。

A. A7，A1

B. A6，A2

C. A5，A3

D. A4，A2

7. 中标厂商必须在当期完成该项目，如果到期无法演出，观众退票将严重损失公司声誉，并对下期竞标产生严重影响，同时须赔付主办方（　　　）的合同款。

A. 无须支付

B. 10%

C. 30%

D. 100%

8. 如果延期一月演出，将有（　　　）的观众退票；延期越久，退票越多。

A. 5%

B. 10%

C. 30%

D. 100%

9. 大型场地舞台个数为（　　　）个、建设费为（　　　）万元/月、建设周期为（　　　）个月。

A. 3，45，2

B. 4，45，2

C. 4，40，3

D. 3，40，2

10. 中型场地舞台个数（　　　）个、建设费为（　　　）万元/月、建设周期为（　　　）个月。

A. 2，25，1

B. 1，25，2

C. 1，30，2

D. 1，30，1

二、判断题

1. 文化演艺公司有4级资质的区分。（　　　）

2. 精彩类节目M3需要服装与道具1套、编剧2套、排练2轮。（　　　）

3. 排练不需要舞台场地。（　　　）

4. M1、M2、M3表示不同类型的节目，并不表示单个节目。（　　　）

5. 编剧需要提前3个月准备。（　　　）

6. 服装与道具以及编剧这两种资源类型在提前准备时就要先支付费用，且不可以互相转卖。（　　　）

7. 编剧进行一半后才能排练和准备服装与道具。（　　　）

8. 项目完成周期是指演艺公司实景彩排、准备演出直至最后完成演出的时间。（　　　）

9. 当某个大型演出项目包中同时存在2个相同的紧前项目时，表示该紧前项目要完成2次。（　　　）

10. 2个独立的项目包中含有2个相同的紧前项目时，则表示该紧前项目要完成2次。（　　　）

11. 第三期，每个组最多可选3个项目包。（　　　）

12. 第四期，每个组最多可选3个项目包。（　　　）

13. 大型场地舞台数为3个。（　　　）

四、解答题

1. 文化项目沙盘实训包括哪些规则？
2. 如何理解剧组招募、编剧彩排与服装道具规则？
3. 如何理解演出项目基本构成规则？

参考答案请见本书配套ppt。如需配套ppt，请联系成都杰科力科技有限公司（028-81711073）。获取更多习题练习，请扫码关注微信公众号：上课宝。

第三章
文化项目管理沙盘模拟软件的操作

■**学习目标**

● 熟悉教师端操作

● 熟悉学生端操作

第一节 沙盘模拟软件操作的准备阶段

一、教师准备

沙盘模拟需要教师和学生相互配合才能完成。在这一阶段，教师把装有电子分析工具的加密 U 盘在主控电脑上导出"学生文件"文件夹，或将此文件夹在 FTP Server 上设为共享，引导学生找到各公司操作文件，如图 3-1 所示。

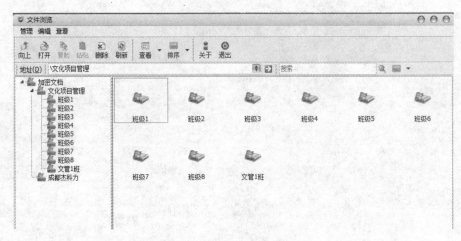

图 3-1　教师端班级操作界面

（1）学生通过 FTP Server 或 U 盘把各公司操作文件拷到本地电脑，并打开所在公司的文件页面，点击"组员信息"，如图 3-2 所示，填写组员信息。

成员学号	成员姓名	岗位分工

图 3-2　学生端成员信息操作界面

（2）学生按照学生手册布置初始状态的盘面，即文化项目管理沙盘运营图，如图 3-3所示。

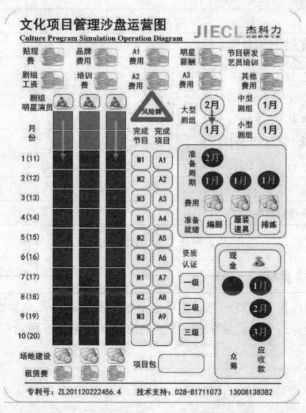

注：沙盘中的"1月"指第 1 个月，"2月"指第 2 个月，"3月"指第 3 个月，依此类推。

图 3-3　文化项目管理沙盘运营图

第二节 沙盘模拟软件操作的项目竞标阶段

一、学生填写竞标单

教师组织学生填写学生手册中的竞标单，如表 3-1 所示，有关竞标的相关规则将在后面第四章详述。

表 3-1 学生手册竞标单

周期	第 1~5 个月	第 6~10 个月	第 11~20 个月	第 21~30 个月
上期好评率				
拖期（月）				
品牌宣传费（万元）				
价位选择（高、中、低）				
已有资质				
备选项目排序				
一线演员薪酬（不低于 17 万元/节目）				
需要一线演员人数				
一线明星平均每人演出几个节目				
二线演员薪酬（不低于 12 万元/节目）				
需要二线演员人数				
二线明星平均每人演出几个节目				
三线演员薪酬（不低于 7 万元/节目）				
需要三线演员人数				
三线明星平均每人演出几个节目				
本期节目研发与艺员培训费率				

竞标单（　　）组

二、教师主持竞标

第一步：教师收集学生竞标单，在电子分析工具教师操作主界面，输入数据，根据排名分配各类业务订单并记录在表格中，如图 3-4 和图 3-5 所示。

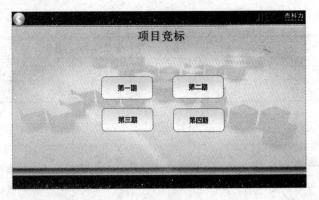

图 3-4　项目竞标界面

组名	第一期项目竞标							
	20% 上期好评率	20% 上期拖期(月)	20% 品牌费(万)	40% 价位选择	得分	已选项目	项目总额	包含几个 节目（M）
A								
B								
C								
D								
E								
F								
G								
H								

图 3-5　第一期项目竞标界面

第二步：根据系统自动生成的分数及排名，组织学生拿走中标项目并开始项目规划。

第三节　沙盘模拟软件操作的项目规划阶段

一、学生对项目进行规划

在这一阶段，学生依次要完成中标项目登记（表 3-2）、项目分解结构图（WBS）和网络计划图（附件一至附件四）、甘特图（表 3-3）和项目现金规划（表 3-4）。具体内容将在第五章、第七章详述。

表 3-2　中标项目登记表

序号	项目组成	定金	交付	尾款	总金额	应收账期	资质要求

表 3-3　进度计划（甘特图）

计划	第 1 个月	第 2 个月	第 3 个月	第 4 个月	第 5 个月
创意设计（A1）					
项目规划（A2）					
市场调研（A3）					
精品汇演（A4）					
小型商演（A5）					
综合商演（A6）					
综合商演（A7）					
综合商演（A8）					
大型综合商演（A9）					
准备服装与道具（　　）套					
准备编剧（　　）套					
准备彩排（　　）轮					
招募剧组（　　）个（　　）型					

注：如果有 2 个 A1 在同一月内完成，则在该格画两杠。

表 3-4　项目现金规划

单位：万元

计划	第 1 个月	第 2 个月	第 3 个月	第 4 个月	第 5 个月
剧组费用与明星费用					
服装道具、编剧与排练费用					
节目研发与艺员培训费用					
场地建设或租赁费用					
期间费用（品牌宣传费等）					
项目前期费用（A1/A2/A3）					
资质认证费用					
总费用					
项目收款与其他回款					
众筹、贷款收入					
期末剩余资金					

二、教师对项目规划核查

因为规划直接关系到后面的运营控制，所以核查整个项目的网络图、甘特图等的画法是否正确非常有必要。在第一期项目运营中，教师应该指导学生具体进行规划，到第二期、第三期、第四期学生自主训练时，教师可以就学生的规划内容进行核查，也可组织各组进行相互交叉核查。

如图 3-6 所示，从第四周开始，教师在每一期运营结束前 15 分钟可以选择点击"风险模拟"，宣布本期风险事件，学生要根据风险来规划自己的项目运营。具体内容将在第六章详述。

组号	发生的风险序号	项目模拟风险发生器
		风险序号
1	3	
2	4	0. 甲方要求增加 M2 节目，给予补偿 10 万元
3	0	1. 10%应收款无法收回
4	4	2. 所有编剧发回重改，重改后不需重新排练，
5	3	但本期第 7 个月停工一月
6	2	3. 所有大型剧组在本期第 7 个月停工一月
7	0	4. 所有道具服装延迟一月供货
8	4	

图 3-6　教师端风险控制界面

第四节　沙盘模拟软件操作的项目运营及绩效分析阶段

一、项目运营阶段

如图 3-7 所示，第一期的项目运营由教师带领学生填写推演，从第二期开始学生要自主练习。学生将团队成员分成项目经理、财务、项目与策划、业务与外联、场务与后勤，然后按照教师的指导自主进行沙盘推演。教师观察每一组运营情况，判断运营比较困难的学生并给予指导。具体内容将在第七章详述。

第一期项目运营过程控制　　　单位：万元

作业		责任人	第1个月	第2个月	第3个月	第4个月	第5个月
期初现金余额			30	102	95	69	48
期初	（1）清空费用栏/填写竞标单/支付品牌宣传费	业务与外联	10				
	（2）拿项目包/填写项目总金额		186				
	（3）领取本期项目预付款		52				
	（4）进行创意设计、市场调研、项目规划并支付费用	节目与策划	30				
	（5）发起众筹，收到众筹款	项目经理	60				
	（6）参与其他组的众筹，支付众筹金		0				

图 3-7　项目运营过程控制界面

二、项目绩效分析

学生在运营完每期项目后，可以点击图 3-8 所示的"第（　　）期运营绩效"，查看自己的绩效情况。具体绩效分析将在第六章详述。

第一期运营绩效

第一期综合费用明细表　单位：万元

项　目	本期数
节目研发与艺员培训费	20
资质认证	0
品牌宣传费用	10
场地租赁	20
其他费用（拖期罚金）	0
贴现手续费	0
无法收回的应收款	0
合计	50

第一期利润表　单位：万元

项　目	本期数
总收入	233
排练、服装道具、编剧	41
剧组工资和明星薪酬	54
总毛利	138
综合费用	50
创意设计/市场调研/项目规划费用	30
利润	58
收到的众筹分红	-6
总利润	52

图 3-8　运营绩效界面

也可以进入"公司主页"，在学生端公司绩效管理中查看往期项目运营绩效，如图 3-9 所示。

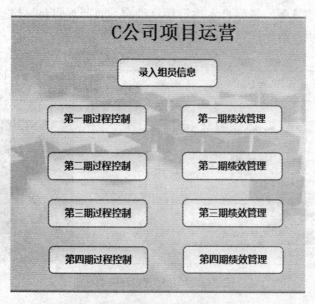

图 3-9　学生端公司绩效管理

第五节　沙盘模拟软件操作的项目运营总结阶段

学生填写完 Excel 操作表后，在共享状态下可以存回教师的桌面共享文件夹（也可以让学生拷回或发邮件下载到桌面共享文件夹中），然后教师把该共享文件夹中的所有 Excel 文件复制到加密 U 盘中的"文件 1"相应班级中，替换相应的 Excel 文件，系统将根据这些文件生成其他报表数据。

可能出现的意外情况：

1. 学生更改了文件名

如图 3-10 所示，如果学生将传回的文件更改了文件名，教师又没有注意此错误，将错误的文件导入了加密 U 盘的话，将会使得加密 U 盘被破坏，无法再读取数据。

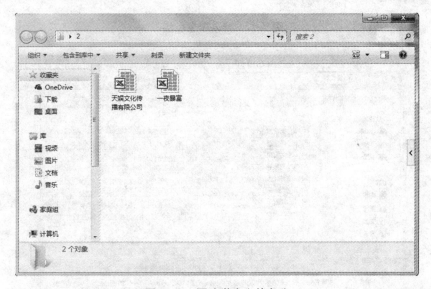

图 3-10　更改学生文件名称

2. 学生端的错误加密

学生在保存文件时，若出现如图 3-11 所示的加密提示，请点击"否"；否则将会错误加密该 Excel 表格，若导入加密 U 盘，将无法读取数据。

图 3-11　加密提示

3. 教师端错误导入文件夹

教师将学生上传的表格导入加密 U 盘中，应注意是导入 ExceL 文件。首先在 U 盘对应的班级中空白的位置单击右键，选择"导入"→"导入文件"，选中需要导入的文件后，再点击"打开"，便可以成功导入学生当期的数据，如图 3-12 和图 3-13 所示。

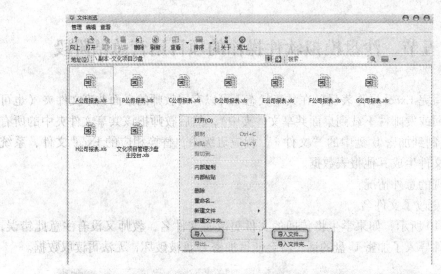

图 3-12　导入学生表格

图 3-13　选择需要导入的学生 Excel 表格

　　若是将整个文件夹导入，则会出现如图 3-14 所示的错误，加密 U 盘将无法进行数据分析。

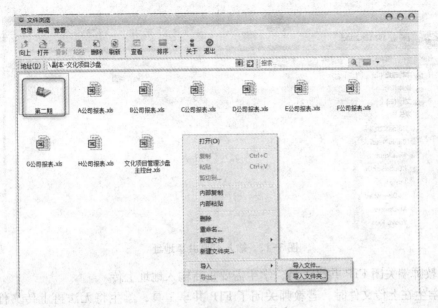

图 3-14　错误导入了文件夹

4. 被替换的 Excel 文件应先关闭

如图 3-15 所示，教师端在导入学生表格前，需要确保教师端桌面的 Excel 文件全部关闭，以便加密 U 盘更好地读取数据分析。

图 3-15　关闭全部 Excel 文档

若是使用 U 盘拷贝，在拷贝的过程中，应先将加密 U 盘退出。

5. 学生未知上传文件的方式

很多学生在上传当期运营表格时，不知道上传地址或将地址栏在浏览器里面打开（图 3-16），这些都会使教师无法收取当期数据。

图 3-16　将地址输入浏览器

正确的做法是：点击桌面"计算机"，选择任意一个盘，在地址栏输入 FTP 共享地址（图 3-17），点击回车键，进入教师指定文件夹，将表格拖入该文件夹内，这样便可成功上传表格了。

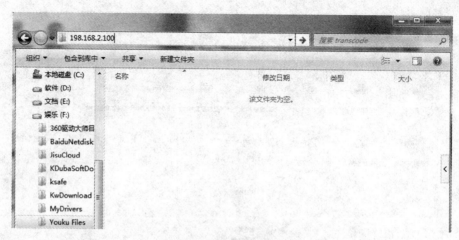

图 3-17　输入 FTP 共享地址

6. 教师端关闭 FTP 共享工具，学生需要重新输入地址上传

当学生在上传文件时，若教师关闭了 FTP 共享工具，学生将无法再上传文件，如图 3-18 所示。这时候，教师需要重新打开 FTP 共享工具，学生需要重新在地址栏输入最新的 FTP 共享地址。

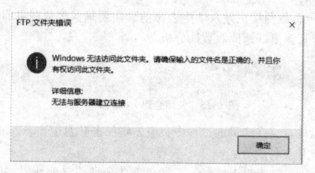

图 3-18　无法连接 FTP 工具

7. 不在同一个局域网内

在使用 FTP 共享工具上传或下载表格时，需要保证所有的电脑都链接到同一个局域网，若学生无法访问共享地址，教师可组织学生点击任务栏内的网络选项，打开网络与共享中心，查看网络连接（图 3-19）。

图 3-19　查看网络连接

　　如图 3-20 所示，点击无线网络连接，可以查看网络连接状态，再点击"详细信息"，便可查看所使用电脑连接的网络 IP 地址，若相同则说明处于同一个局域网内。

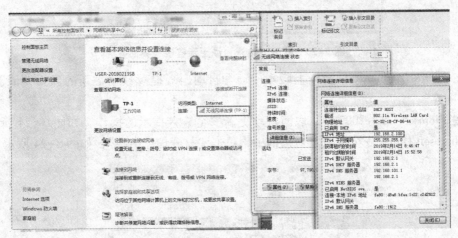

图 3-20　查看网络 IP 地址

8. 学生端以只读方式打开了表格，无法编辑

　　如果学生以只读方式打开了表格将无法进行文档编辑，此时需要将当前表格删除，重新去教师处下载新的表格。注意：当出现图 3-21 的提示时，应点击"否"。

图 3-21　是否以只读方式打开

　　若是成功导入文件后，请注意，当在 Microsoft Office2003 中打开 Excel 文件时，出

现如图 3-22 所示的提示，请选择"更新"。

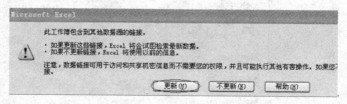

图 3-22　更新链接窗口

为了不在每次打开各功能模拟时显示如图 3-22 的提示，请打开 Excel2003 文件，点击"工具"→"选项"→"编辑"，把"请求自动更新链接"的勾选去掉，如图 3-23所示。

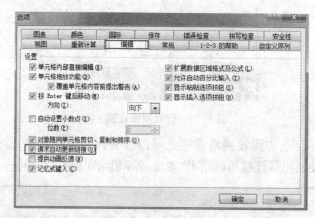

图 3-23　取消"请求自动更新链接"界面

在 Microsoft Office2007 及以上版本中，会自动出现提醒数据更新的界面，请选择"启用内容"。

在 Microsoft Office2007 中，取消自动更新安全链接提示的操作，如图 3-24 所示，在"Microsoft Office 安全选项"对话框中，单击"打开信任中心"，如图 3-24 所示。

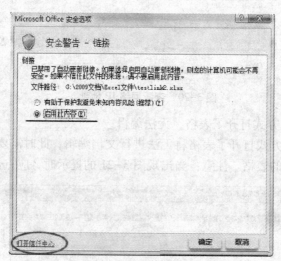

图 3-24　安全选项界面

如图 3-25 所示，在弹出的"信任中心"对话框中，选择"启用所有工作簿链接的自动更新（不建议使用）"。

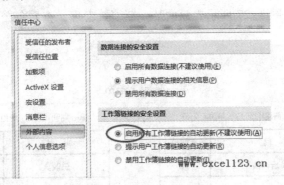

图 3-25 信任中心界面

一、教师控制各公司运营过程

教师请点击"各公司项目过程控制"按钮，进入图 3-26 页面，查看各公司的运营过程，如果发现有问题，应该及时纠正。

图 3-26 各公司项目过程控制界面

二、教师查看各公司运营绩效

教师点击"C 公司"按钮进入，查看教师端 C 公司文化项目运营绩效（图 3-27）。

图 3-27 教师端 C 公司文化项目运营绩效管理控制界面

三、教师查看当期运营绩效

教师也可以点击图 3-27 所示界面的某一期绩效管理，查看各公司运营绩效，会出现图 3-28 所示界面。

第一期运营绩效

第一期综合费用明细表　单位：万元

项　目	本期数
节目研发与艺员培训费	20
资质认证	0
品牌宣传费用	10
场地租赁	20
其他费用（拖期罚金）	0
贴现手续费	0
无法收回的应收款	0
合计	50

第一期利润表　单位：万元

项　目	本期数
总收入	233
排练、服装道具、编剧	41
剧组工资和明星薪酬	54
总毛利	138
综合费用	50
创意设计/市场调研/项目规划费用	30
利润	58
收到的众筹分红	-6
总利润	52

图 3-28　教师端某公司文化项目运营绩效管理控制界面

教师可以点击图 3-29 所示界面的"各小组绩效"进入"各小组绩效"展开界面，查看各小组绩效相关情况，即各组绩效、各组品牌费、各组项目总金额、各组卖座分红等，如图 3-30 所示。

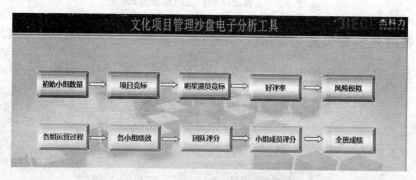

图 3-29　教师端的项目主控制界面

· 40 ·

各小组绩效

单位：万	第一期	第二期	第三期	第四期
A公司				
B公司				
C公司				
D公司				
E公司				
F公司				
G公司				
H公司				

各组品牌费核查表

	第一期	第二期	第三期	第四期
A	10	品牌宣传 费不够		
B	品牌宣传 费不够	品牌宣传 费不够		
C				
D				
E				
F				
G				
H				

各组项目总金额核查表

	第一期	第二期	第三期	第四期

各组卖座分红核查表

	第一期	第二期	第三期	第四期

图 3-30 　"各小组绩效"展开界面

　　教师可在此环节要求每组派一名学生来分享本次成功或失败的经验，可在团队评分环节适当加分。然后再根据学生运作情况，每期选择一个主题进行详细讲解讨论。

四、团队评分

　　教师点击主控分析台界面中的"团队评分"环节，根据相关标准对团队成员进行评分，如图 3-31 所示。

公司/小组		A	B	C	D	E	F	G	H
						各组排名得分			
第1~4期	抢答与分享次数	3	4						
第2期	项目组织得分								
第3期	项目组织得分								
第4期	项目组织得分								
团队得分构成	项目组织累计得分 30%								
	抢答与分享次数得分 10%	7.5	10						
	实验报告评分（百分制）	67	87						
	实验报告得分 30%	23.1	30						
	四期利润总和	52	52						
	利润排名得分 30%	30	30						
	各项得分汇总	60.6	70						
	小组总评分	87	100						

图 3-31 　教师端团队评分界面

五、学生总结

　　学生在每期结束后，要在学生手册上填写学习总结，如表 3-5 所示。在学期结束后，将学生手册交给教师，由教师评分并对本次实训效果进行评估。

表 3-5　学生学习总结表

团队分工与述职	对应规则（请列明每个经理对应运营规则）
项目经理职责：	
电脑记账：	
手册记账：	
沙盘推演（甲）：	
沙盘推演（乙）：	

复习思考题

1. 模拟企业应当如何参与项目竞标？如何规划项目？
2. 模拟项目团队有哪些分工？各自的职责是什么？

参考答案请见本书配套 ppt。如需配套 ppt，请联系成都杰科力科技有限公司（028-81711073）。获取更多习题练习，请扫码关注微信公众号：上课宝。

第四章

文化项目管理沙盘模拟中项目的选择与竞标

- ●了解文化项目选择的含义及影响因素
- ●掌握如何选择项目
- ●掌握项目选择的沙盘操作
- ●了解竞标的含义及分类
- ●掌握竞标的沙盘操作

第一节　文化项目的选择

一、文化项目选择的目标与影响因素

项目选择就是决定做什么的问题。一般情况下，演艺公司或影视剧制作公司在选择项目时，除了考虑成本收益外，还会考虑项目带来的影响力、时间是否可控（是否能赶上预期的关键点）等。这是文化项目比较重要的目标，很多演艺公司必须赶上某个节庆日，有些影视剧必须赶上贺岁档，这些时间节点往往直接决定此项目的成败；同时，一个制作精良的项目本身带来的影响力会提升制作方声誉与口碑。但文化项目绝大多数项目团队可利用的资源都是有限的，一旦把有限的资源用于一个项目，就必须放弃另一个可能具有同样甚至更大价值的项目。常见的文化资源包括优秀的剧组、编剧、舞台场地、资金等。因此，项目选择需要根据自身的经济实力、剧组实力综合考虑时间、成本、收益。

文化项目制约和限制项目团队做出选择的因素多种多样，如地理、气候、自然资源、人文环境、政治体制、法律规定、产业政策、各种标准和规则、组织结构、规章制度、技术能力、时间限制等。结合文化项目的特点，影响其选择的因素主要有目标受众的需求、国家的法规政策及导向、项目团队的艺术水准、组织内部的不同期望和

对项目的态度、项目本身的成本收益等。

二、如何选择项目

在现实中，综合项目选择的影响因素，文化项目团队在选择项目时可以遵循以下步骤：

（1）仔细研读政府的相关政策及导向，确立大致的项目范围；或者根据政府相关机构、集团、中心的提议、命令和委托及合作单位的意向等承接相关的文化项目。

（2）进行市场调研、了解顾客的需求，进一步确立项目范围或主题。

（3）进行项目创新、创意策划。

（4）对创新、创意策划方案进行可行性论证，撰写可行性分析报告，包括项目实施的必要性、项目的市场分析、项目的建设方案、项目的投资估算、项目的融资方案、项目的财务分析、项目的经济分析、项目的资源影响分析、项目的社会评价、项目的风险分析等。

（5）形成多个备选方案之后，再综合考虑目标受众、利益相关者期望、国家政策力度、自身艺术水准及成本收益，选择最适合、最恰当的项目。

三、项目选择的方法

在实训过程中，项目选择关系到企业的生死存亡，很多企业的成功源于正确的项目选择，项目选择错误会导致企业破产或陷入困境。在沙盘实训中，项目的选择体现在项目竞标前阶段，每个企业根据自身实际情况选择项目。主要方法如下：

（一）仔细分析可供选择的项目

在本沙盘中，每一期均有部分项目包可供各公司选择竞标。第一期项目是由教师带领学生完成，每个公司初始状态均一致，第一期项目包为 P1-01，如表 4-1 所示。

表 4-1　第一期 P1-01 项目包

序号	项目组成	定金	交付	尾款	总金额（万元）	应收账期	资质要求
P1-01	精品汇演（A4）小型商演（A5）	（　）	（　）	（　）	162	2 月	无
		（　）	（　）	（　）	174		
		（　）	（　）	（　）	186		

从第二期开始，公司展开竞标，第二期至第四期共有项目包合计 49 个。每一期可供竞标的项目包由教师提供。

每个项目包由序号、项目组成、定金、交付、尾款、总金额、应收账期和资质要求 8 个部分组成；每个项目包按价位都可以分为高、中、低 3 个档次。详见 P3-04 项目包（表 4-2）。

表 4-2 P3-04 项目包

序号	项目组成	定金	交付	尾款	总金额（万元）	应收账期	资质要求
P3-04	综合商演（A6）综合商演（A7）	（　）	（　）	（　）	363	3 月	三级
		（　）	（　）	（　）	390		
		（　）	（　）	（　）	417		

（二）公司根据自身情况选择项目

1. 公司发展战略

战略是通过项目来实施的，每一个项目都应和公司的发展战略有明确的联系，将所有项目和公司的战略方向联系起来是组织成功的关键，项目的选择必须围绕企业发展战略开展，每个项目都应对企业的发展战略做出贡献。

例如 A 公司战略为发展型，那么在阶段项目选择中可能会倾向于选择回报比较高的项目包，如 P2-10 项目包（表 4-3），或者在项目高、中、低价时选择高报价。

而 B 公司战略为稳定型，在选择项目包时可选择比较保险的项目包，如 P2-01 项目包（表 4-4），或者在项目高、中、低价时选择中、低报价。

表 4-3 P2-10 项目包

序号	项目组成	定金	交付	尾款	总金额（万元）	应收账期	资质要求
P2-10	小型商演（A5）综合商演（A6）	（　）	（　）	（　）	225	1 月	无
		（　）	（　）	（　）	242		
		（　）	（　）	（　）	259		

表 4-4 P2-01 项目包

序号	项目组成	定金	交付	尾款	总金额（万元）	应收账期	资质要求
P2-01	精品汇演（A4）	（　）	（　）	（　）	73	2 月	无
		（　）	（　）	（　）	78		
		（　）	（　）	（　）	83		

2. 资源约束

在进行项目选择时，可能会面临时间、人员、资质、资金等资源的限制而无法选择更优的项目。如第二阶段 P2-11 项目包（表 4-5），由于工作内容较多，受时间和公司现金流的限制，很难在第二阶段 5 个月内完成。

表 4-5　P2-11 项目包

序号	项目组成	定金	交付	尾款	总金额（万元）	应收账期	资质要求
P2-11	综合商演（A8）	（　）	（　）	（　）	219	1 月	无
		（　）	（　）	（　）	236		
		（　）	（　）	（　）	253		

　　根据 P2-11 项目甘特图（图 4-1）可知，该项目至少需要 10 个月才能完成。若是以中等价位中标，同时根据表 4-6 所示，要完成此项目包所面临的资金压力比较大，由于众筹的数额不够，在第 8 个月时，该小组的资金流出现了断裂，需要不断众筹，这将会带来高额的资金成本。但整个项目回报较高，若成本控制得当也会获取高额的利润。因此，企业在选择时，应充分考虑项目各种制约因素，结合机会成本，做出最佳选择。

计划	第6个月	第7个月	第8个月	第9个月	第10个月	第11个月	第12个月	第13个月	第14个月	第15个月
A1(创意设计)	▨									
A2(项目规划)	▨									
A3(市场调研)	▨									
A4(精品汇演)										
A5(小型商演)						▨	▨			
A6(综合商演)										
A7(综合商演)								▨	▨	▨
A8(综合商演)										
A9(大型综合商演)			▨							
准备服装与道具(12)套		▨	▨							
准备编剧(13)套			▨							
准备排练(12)轮		▨								
招募剧组(1中型)										

图 4-1　P2-11 项目包甘特图

表 4-6　P2-11 项目包现金支出计划

单位：万元

计划	第 6 个月	第 7 个月	第 8 个月	第 9 个月
剧组费用与明星费用			12	21
服装道具、编剧与排练费用		39	24	
节目研发与艺员培训费用				
场地建设或租赁费用		20		
期间费用（品牌宣传费、贴现费等）	20			
项目前期费用（A1/A2/A3）	48			
资质认证费用				
总费用	68	59	36	21
项目收款与其他回款	71	47		

表4-6(续)

计划	第6个月	第7个月	第8个月	第9个月
众筹、贷款收入	20			
期末剩余资金	51	39	3	−13

3. 优化项目组合

项目选择是对1个复杂的系统进行综合分析与判断的决策过程，其影响因素很多，在选择项目时，应综合考虑各项目的收益与风险、项目间的联系、组织的战略目标和可利用资源等多种因素，选择最适合的项目组合，使项目组合的整体绩效和价值最大化。

在项目沙盘选择时，企业应考虑每个阶段项目工作的衔接，如项目时间衔接、场地、各项目包之间的沟通与衔接。

例如在第三期运营中，小组A选择了2个项目包：P3-05和P3-06。根据图4-2可以看出，在第1个月所面临的资金压力是非常大的，但是我们可以将P3-05项目往后延期（图4-3），从第3个月开始做，将会极大地减少小组A在期初面临的资金压力，并且还能降低当期众筹的数额、减少一定的利息成本等。

P3-05和P3-06项目包										
计划	第11个月	第12个月	第13个月	第14个月	第15个月	第16个月	第17个月	第18个月	第19个月	第20个月
A1(创意设计)	------									
A2(项目规划)	------									
A3(市场调研)	------									
A4(精品汇演)				----------						
A5(小型商演)										
A6(综合商演)						--------				
A7(综合商演)										
A8(综合商演)								---------		
A9(大型综合商演)										
准备服装与道具(12)套			------							
准备编剧(13)套		------								
准备排练(12)轮			------							
招募剧组(2中型)		------								

注：实线表示P3-05项目，虚线表示P3-06项目。

图4-2 优化前第三期组合项目包甘特图

第四章 文化项目管理沙盘模拟中项目的选择与竞标

P3-05和P3-06项目包										
计划	第11个月	第12个月	第13个月	第14个月	第15个月	第16个月	第17个月	第18个月	第19个月	第20个月
A1(创意设计)	-----		▓▓							
A2(项目规划)	-----		▓▓							
A3(市场调研)	-----									
A4(精品汇演)				----------		▓▓▓▓▓▓				
A5(小型商演)										
A6(综合商演)						----------		▓▓		
A7(综合商演)										
A8(综合商演)								----------		
A9(大型综合商演)										
准备服装与道具(12)套			-----		▓▓▓▓					
准备编剧(13)套		----------		▓▓▓▓						
准备排练(12)轮			-----		▓▓▓▓					
招募剧组(2中型)		-----		▓▓▓▓						

注：实线表示 P3-05 项目，虚线表示 P3-06 项目。

图 4-3　优化后的第三期组合项目包甘特图

（三）根据实际情况，给项目包排序

各企业根据企业发展战略、制约因素、优化组合等，对企业目标项目包进行排序，如在项目第二阶段，A 公司对项目排序为 P2-11、P2-8、P2-05、P2-12、P2-09、P2-10、P2-07、P2-04、P2-06、P2-03、P2-12、P2-01、P2-02，每个公司实际情况不同，排序方式也有所区别，在项目选择过程中，企业实地走访、调查、分析各种情况，按照实际情况进行排序即可。

第二节　项目竞标操作

一、影响竞标的因素

在现实中影响竞标的因素包括企业规模、品牌效应、过往业绩、业务水平、报价等。在沙盘推演中，竞标内容包括上期好评率、拖期、品牌宣传费、价位选择、已有资质、明星资源、本期节目研发与艺员培训费率七项内容。其中价位选择是直接与此次竞标相关的报价，已有资质是能否承接一些对资质有要求项目的基本条件，其余五项均是企业信誉的体现。

二、沙盘中的操作

(一) 沙盘模拟中竞标的规则

1. 填写竞标单

在沙盘模拟中，从第二期开始，各公司要填写竞标单（表4-7）开始竞标。

表4-7 竞标单

周期	第1~5个月	第6~10个月	第11~20个月	第21~30个月
上期好评率				
拖期（月）				
品牌宣传费（万元）				
价位选择（高、中、低）				
已有资质				
备选项目排序				
一线演员薪酬（不低于17万元/节目）				
需要一线演员人数				
一线明星平均每人演出几个节目				
二线演员薪酬（不低于12万元/节目）				
需要二线演员人数				
二线明星平均每人演出几个节目				
三线演员薪酬（不低于7万元/节目）				
需要三线演员人数				
三线明星平均每人演出几个节目				
本期节目研发与艺员培训费率				

2. 评分规则

以下四项内容中前三项因素各占20%，第四项因素占40%（教师可以调整这些比重）。得分多少是由其在所有竞争公司中所占的位置决定的。例如，在"上期好评率"一列，所有参与竞标的公司中上期好评率最高者为满分20分，与其最接近者得分第二，且与其差距越大者得分则越少；在"上期拖期"这一列中，"没有拖期"得分最高，拖期时间越久，得分越低；在"价位选择"这一项，低价位为满分，价位越高得分越低。最后将各项内容的得分按各自的比例折算后加总，即为最后得分，如图4-4所示。

第二期项目竞标

组名	20% 上期好评率	20% 上期拖期（月）	20% 品牌费（万）	40% 价位选择	得分	已选项目	项目总额	包含几个节目（M）
A	100.0% 20.0	20.0	12 20.0	低 40.0	100.0	6	103	3
B	89.3% 17.9	20.0	4 6.7	中 20.0	64.6	9	200	5

图4-4　第二期项目竞标图

示例：文化项目竞标范例。

假设：现有项目包 P2-01，具体见表4-8。

表4-8　项目包：P2-01

序号	项目组成	定金	交付	尾款	总金额（万元）	应收账期	资质要求
P2-01	精品汇演（A4）	23	39	11	73	2个月	无
		23	39	16	78		
		23	39	21	83		

现有三家文化项目管理公司参与竞标，三家公司可以选择按高、中、低三档报价来进行竞标。

A公司选择高报价83万元来竞标此项目，B公司选择中等报价78万元来竞标此项目，而C公司选择低等报价73万元来竞标此项目。

根据沙盘中的评分规则，将会有四项因素影响本次评分，分别是上期好评率、上期拖期、品牌费和价位选择。前三项因素各占20%，后一项因素占40%。根据系统判定，每家公司各项因素的评分都将影响本公司的综合评分。由于C公司综合评分最高，82.4分优先中标，现在我们一起来分析一下C公司的得分构成。

上期好评率得分为12.4分。上期好评率越高，得分越高，排名第一的公司将会获得满分20分。其他小组得分将由100分乘以该因素所占比重20%，再乘以本公司上期好评率62%，最后除以上期所有公司最高好评率，即 $100 \times 20\% \times 62\% / 100\% \approx 12.4$。

品牌费得分为20分。计算原理同上期规模。

价位选择得分40分。选择低价位中标将会获得100乘以该项因素所占比重的得分，即 $100 \times 40\% = 40$ 分；选择中价位中标将会获得100乘以该项因素所占比重再除以2的得分，即 $100 \times 40\% / 2 = 20$ 分；选择高价位中标将无法获得该因素得分。

上期拖期得分为10分。若是拖期大于或等于4个月，将无法获得此项因素得分。拖期越短，得分越高，没有拖期将会获得满分20分。若是发生拖期（2个月），得分将是由100乘以该因素所占比重再减去拖期时间乘以100再乘以该因素所占比重并除以4，即 $100 \times 20\% - 2 \times (100 \times 20\% / 4) = 10$ 分。

因此，C公司综合评分为 $12.4 + 20 + 40 + 10 = 82.4$ 分。

3. 其他注意事项

竞标单中的明星资源和本期节目研发与艺员培训费会影响本期的节目好评率，进而影响本期的项目卖座分红款和下一期的项目竞标（图4-5），需慎重填写。

	好评率（第一期）							
组名	30% 一线明星/节目总数	20% 二线明星/节目总数	10% 三线明星/节目总数	40% 节目研发与艺员培训费率	总分	好评率	项目卖座分红	分红款（万）
A			40.00%	10.75%	100.0	100.0%	25.0%	47
		60.0		40.0				
B		20.00%		5.00%	78.6	89.3%	19.7%	37
		60.0		18.6				
C								
D								
E								

图4-5　教师端的好评率界面

（二）沙盘模拟中竞标存在的风险

按照规则，沙盘模拟中竞标存在以下风险：

1. 超时填写竞标单

由于沙盘模拟是在一个规定好了的、相对封闭静止的环境中进行竞标，且为了激励各小组的工作积极性，所以对竞标的开始时间和结束时间都有清晰的规定。具体时间及奖惩都由任课教师决定，并且也应该严厉执行，让学生体会到竞标的风险。事实上，在正规的文化项目竞标中也会有时间限定，超过时间未投标或者中标后未及时履行也会受到相应惩罚。

2. 对竞标规则不熟悉

如果对竞标规则不熟悉，会在竞标阶段产生风险。如一些公司一味想拿高分，在品牌宣传费上大量投入或者选择低价位项目等，导致在后面实际运营时成本过大、经费紧张等。

3. 没有拿到好项目

按照规则，第二期只能选择一个项目、第三期可以选择两个项目、第四期可以选择三个项目，各小组把最想做的项目按照顺序排在备选项目一栏里。但在竞标时，得分高的优先选择项目，所以导致后面有的公司拿不到自己喜欢的项目，在心理上产生落差，同时又因为要对项目的 WBS 结构和网络计划图重新规划，时间上比其他公司要落后。

另外，由于竞标时间短、各公司竞争激烈，导致一些公司对所选项目不熟悉，随便填写，或者由于别人已经选了而无奈地进行次优选择，结果选上一个必定存在拖期的项目。

4. 没有拿到项目

得分高的公司可以优先选择项目，得分低的公司可能面临无项目可做的风险，这是竞标中最大的风险。对于这些公司而言，浪费了时间、浪费了精力去做前期的论证，也浪费了一次实训的机会。而在真实的项目竞标中，如果没有按预期拿到项目，可能境况会更严重，甚至会直接导致公司破产。

复习思考题

1. 影响文化项目选择的因素有哪些？

2. 在沙盘模拟实训中各公司应该怎样选择项目？

3. 影响项目竞标的因素有哪些？

4. 在沙盘模拟实训中竞标规则是什么？

5. 在沙盘模拟实训中进行竞标时有什么风险？

　　参考答案请见本书配套 ppt。如需配套 ppt，请联系成都杰科力科技有限公司（028-81711073）。获取更多习题练习，请扫码关注微信公众号：上课宝。

第五章
文化项目管理沙盘模拟中项目的规划

■**学习目标**

●掌握 WBS 的概念、绘制方法，学会绘制 WBS 图

●学会运用 WBS 绘制方法绘制沙盘模拟中的项目图

●掌握进度规划的概念及绘制方法

●学会运用网络计划图绘制沙盘模拟中的项目进度图

●了解甘特图

第一节　项目的工作分解结构（WBS）

一、工作分解结构（WBS）的概念

工作分解结构（Work Breakdown Structure，WBS），是以一个产品或服务为中心的项目组成部分的"家族树"规定了项目的全部范围，是将项目按一定原则进行逐层分解而形成的结构示意图。它可以将项目分解到相对独立、内容单一、易于成本核算与检查的工作单元，并能把各工作单元在项目中的地位与构成直观地表示出来。

WBS 总是处于整个项目计划过程的中心，是制订进度计划、资源需求、成本预算、风险管理计划和采购计划，以及定义项目范围、防止遗漏项目工作、建立项目可视化交付成果、控制项目变更、关注项目目标和澄清职责的重要基础，是进行项目管理十分重要的综合性工具和技术之一。

案例：2008 年北京奥运会开幕式工作分解结构[①]

奥运会开幕式一直以来是奥运会最重要的一部分，有人说："开幕式举办成功了就等于奥运会成功了一半"。历经三年多的精心准备，近 2 万名中外艺术家和文艺工作者

[①]　马旭晨. 项目管理——成功案例精选 [M]. 北京：机械工业出版社，2010.

用奇妙的创意、高科技的手段、动人的表现手法奉献给全世界一台经典的、无与伦比的奥林匹克视听盛宴，开幕式以"超常、震撼、盛大、壮观"展现了中国的自信与自豪。但开幕式的背后，则是从创意、技术制作到组织运行的一个非常复杂且艰难的管理过程。

一般的大型文化活动包括从创意、设计、制作、排练到演出的主要过程，对于奥运会开幕式，运营中心最重要的是在理论上要对这些主要过程进行整合统筹管理和资源运营管理。其中运用了项目的范围管理和工作分解结构（WBS），部分内容示意图如图 5-1 所示。

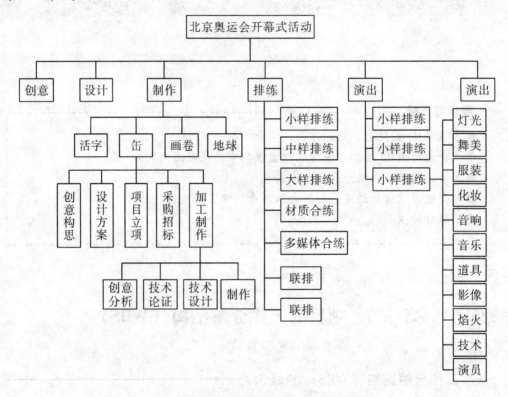

图 5-1　北京奥运会开幕式工作分解结构（WBS）

二、工作分解结构（WBS）的绘制方法

WBS 基本上都是采用等级状或树状来表示，主要包括三个基本要素——分解层次、结构设计及编码。

（一）WBS 的分解层次

由于进行工作分解可以按多个原则进行划分，并且由于项目本身的复杂程度、规模大小也各不相同，从而形成了工作分解结构图的不同层次。工作分解结构每细分一个层次则表示对项目元素更细致地描述。在进行项目工作分解的时候，一般应遵从以下几个步骤：

（1）确定分解原则。一般来讲，WBS 可以按照以下几个原则来进行分解：①按照产品或服务的物理结构分解；②按照产品或服务的功能分解；③按照项目的各个目标或可交付成果来分解；④按照项目的实施地域来分解；⑤按照项目的实施过程或顺序来分解；⑥按照部门分解；⑦按照职能分解。

（2）明确并识别出项目的各主要组成部分，即要实现项目目标需要完成哪些主要工作。在项目分解结构中列在第二级，如在图5-1中，北京奥运会开幕式的主要组成部分可以分解为创意、设计、制作、排练、演出和收尾。

（3）确定每个交付成果的详细程度是否已经达到足以编制恰当的成本和持续的时间估算。如果能够，那么直接进入第五步，如果不能，则进行第四步。这就是说，不同的交付成果还可以有不同的分解水平。如图5-1中，当划分至第三级时，工作分解已经比较清晰，但对于缶的加工制作环节还可以进行细分，所以应该进入第四步。

（4）确定可交付成果的更小的组成元素。组成元素应当用切实的、可验证的结果来描述，以便进行绩效测量。这一步要解决的问题是：要完成上述各组成部分，有哪些更具体的工作要做。对于各组成部分的更小的构成部分，应该说明需要取得哪些可以核实的结果以及完成这些更小组成部分的先后顺序。如图5-1所示，可以将缶的加工制作分解为更小的创意分析、技术论证、技术设计、制作等元素。

（5）核实分解的正确性。需要回答以下问题：①每一层的每个组成部分对上一层项目分解来说是否必需且充分；②每个项目定义是否清晰完整，平级项目之间是否互斥；③每项是否都能够恰当地编制进度和预算，是否能分配接受职责并能够圆满完成这项工作的具体单元。

（二）WBS 的结构设计

设计 WBS 的结构时应该注意以下几点：

（1）结构应以等级状或树状来构成，使底层代表详细的信息，而且其范围很大，逐层向上。也有的教材提到用表格的形式来表示分解结构，但那样也许不够直观，很容易造成混乱或遗漏。

（2）结构设计原则必须有效和分等级，但不必在结构内建太多等级，一个较大项目一般 4~6 个等级就够了。

（3）WBS 最底层的项目通常被称为工作包，可以分包给一个组织。尤其是当项目过于庞大复杂，结构分解到 6 级还不能完整表达时，可以将其分解为若干个项目包并分包出去。

（4）在设计结构时，必须考虑信息如何向下流入下一个层次，原则上信息转移应当自然、流畅。

（5）在设计结构时，并不是所有的子项目都必须完全细化分解的，而是要根据该子项目在总项目中的重要性，与其他项目分解的重复度、甚至 WBS 的空间等因素来确定最终的分解程度。如在图5-2中，显然创意和设计环节也可以进行一些细分，但由于空间和重要性因素，这两个环节都没有再进行划分。而下面"活字""缶""画卷""地球"很明显基本过程都是一样的，所以为了避免重复、节省空间、增加直观性，所以只选择了"缶"进行详细分解。

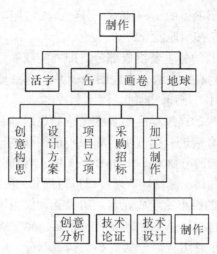

图 5-2　北京奥运会开幕式工作分解结构（WBS）节选①

（三）WBS 的编码

为了在项目规划及以后的各个阶段进行项目基本单元的查找、变更、费用计算、时间安排、资源安排、质量要求等，工作分解结构中的每一项工作或者单元都要编上号码，用来确定每一个单元。

层级：如图 5-3 所示，项目编码第一位数字表示项目序号，因其不占项目分解层级，故用 0 级表示；第二位数字表示项目的第 1 次分解，作为项目第 1 级，第三位数字表示项目的第 2 次分解，作为项目第 2 级，以此类推。图 5-3 项目只进行了 2 次分解，故只有 2 级。

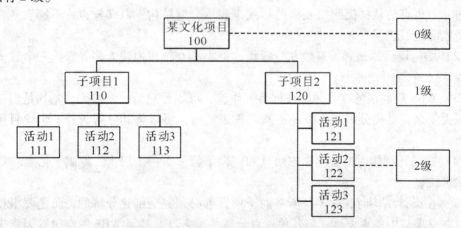

图 5-3　项目工作分解结构编码示意图

编码：如图 5-3 所示，处于 0 级的数字"100"表示第 1 个项目的工作分解结构且该项目只进行了 2 次分解（进行几次分解后面便有几个 0）；处于 1 级的数字"110""120"表示第 1 个项目第一次可以分解为 2 个子项目；处于 2 级的数字"111""112""113"表示第 1 个项目的第 1 个子项目可以分解为 3 个子子项目；"121""122"

① 马旭晨. 项目管理——成功案例精选［M］. 北京：机械工业出版社，2010.

"123"表示第1个项目的第2个子项目可以分解为3个子子项目，以此类推。

三、沙盘模拟中的操作

在沙盘模拟训练中，已经由沙盘制作公司确定好了每一个项目的基本任务，学生只需要按照规则和WBS的绘制方法将其准确绘制出来便可，并且由于暂且不需要查询变更，所以不用对项目进行编码。

（一）第一期、第二期运营工作分解结构（WBS）

在文化项目管理沙盘实训中，每一期运营的第一步都要选择好项目，再在本书附件一中进行工作分解结构。

按照沙盘模拟的规划，第一期由教师带领小组进行推演，每一小组的项目都是固定的，即P1-01，且获得一线明星1名，完成1个节目。从第二期开始学生分组自行进行沙盘推演，并且第二期每组也只能选择1个项目，明星资源由竞标所得。

以项目P1-01为例，该项目一级分解时可以分解为精品汇演（A4）和小型商演（A5）两部分。

二级分解时，精品汇演（A4）要先完成项目规划（A2）、前期准备（B）[包括编剧（B1）、招募剧组（B2）、服装与道具（B3）、彩排（B4）]、演出及收尾（C）；小型商演（A5）要先完成市场调研（A3）、项目规划（A2）、前期准备（B）、演出及收尾（C）。

项目P1-01只需二级分解，其工作分解结构图如图5-4所示。

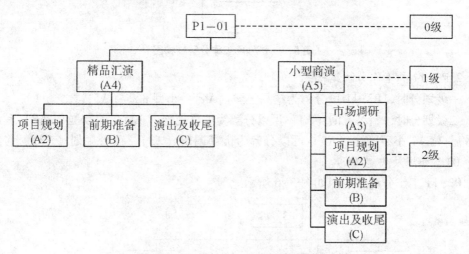

图5-4 项目P1-01工作分解结构图

（二）第三期第10~20个月的运营工作分解结构（WBS）

第三期运营时，每个小组最多可以选择2个项目，以P3-04和P3-11为例，并通过竞标获得一线明星1名，完成4个节目。

先分别画出两个项目各自的工作分解结构图，然后再将其综合在一个总的项目里。

1. P3-04的工作分解结构图

一级划分时，P3-04可分解为综合商演（A6）、综合商演（A7）。

二级划分时，综合商演（A6）可以分解为精品汇演（A4）、创意设计（A1）、前期准备（B）和演出及收尾（C）；综合商演（A7）可分解为小型商演（A5）、精品汇演（A4）、前期准备（B）和演出及收尾（C）。

三级划分时，精品汇演（A4）可以分解为项目规划（A2）、前期准备（B）和演出及收尾（C）；小型商演（A5）要先完成市场调研（A3）、项目规划（A2）、前期准备（B）、演出及收尾（C）。

P3-04 工作分解结构图如图 5-5 所示。

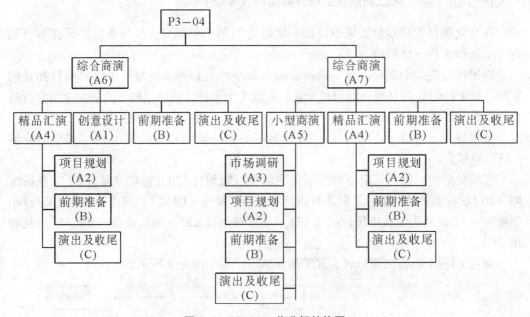

图 5-5　P3-04 工作分解结构图

2. P3-11 的工作分解结构图

一级划分时，P3-11 可分解为精品汇演（A4）、小型商演（A5）。

二级划分时，精品汇演（A4）可以分解为项目规划（A2）、前期准备（B）和演出及收尾（C）；小型商演（A5）可以分解为市场调研（A3）、项目规划（A2）、前期准备（B）、演出及收尾（C）。

P3-11 工作分解结构图如图 5-6 所示。

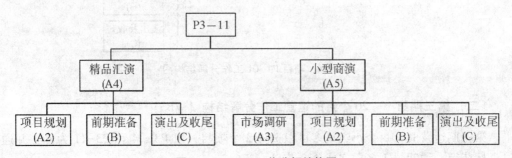

图 5-6　P3-11 工作分解结构图

3. 将 P3-04 与 P3-11 进行综合，本期总项目的工作分解结构如图 5-7 所示。

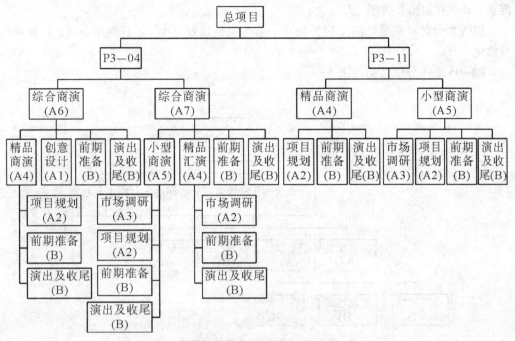

图 5-7　第三期运营总项目工作分解结构图

（三）第四期第 10~20 个月的运营工作分解结构（WBS）

第四期运营时，每个小组最多可以选择 3 个项目，先分别画出每个项目的 WBS 图，然后再综合画出总项目的工作分解结构图。以 P4-01、P4-05 和 P4-07 为例，通过竞标获得一线明星 1 名，完成 3 个节目；二线明星 1 名，完成 1 个节目。

1. P4-01 的工作分解结构图

一级划分时，P4-01 由精品汇演（A4）构成。

二级划分时，精品汇演（A4）可以分解为项目规划（A2）、前期准备（B）和演出及收尾（C）。

P4-01 工作分解结构图如图 5-8 所示。

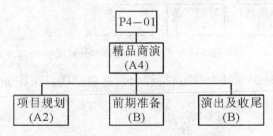

图 5-8　P4-01 工作分解结构图

2. P4-05 的工作分解结构图

一级划分时，P4-05 由综合商演（A8）构成。

二级划分时，综合商演（A8）可分解为综合商演（A6）、市场调研（A3）、前期准备（B）和演出及收尾（C）。

三级划分时，综合商演（A6）可以分解为精品汇演（A4）、创意设计（A1）、前期准备（B）和演出及收尾（C）。

四级划分时，精品汇演（A4）可以分解为项目规划（A2）、前期准备（B）和演出及收尾（C）。

P4-05 工作分解结构如图 5-9 所示。

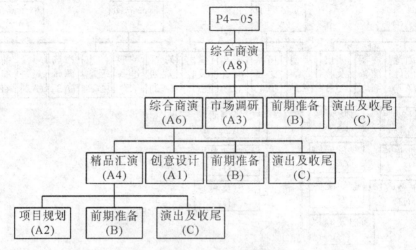

图 5-9　P4-05 工作分解结构图

3. P4-07 的工作分解结构图

一级划分时，P4-07 可分解为精品汇演（A4）、创意设计（A1）。

二级划分时，精品汇演（A4）可以分解为项目规划（A2）、前期准备（B）和演出及收尾（C）。

P4-07 工作分解结构如图 5-10 所示。

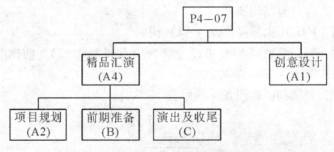

图 5-10　P4-07 工作结构分解图

4. 将 P4-01、P4-05 和 P4-07 进行综合，本期总项目工作分解结构图如图 5-11 所示。

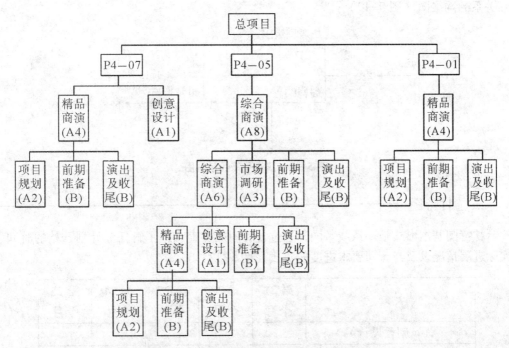

图 5-11　第四期运营总项目工作分解结构图

注意：若一次项目能够在六级以内完整细化表达时，应尽量细化到位，这样便于从全局上把握项目、调配资源、安排进度。但如果该项目过于庞大复杂，六级以内无法完整表达时，可以只分解到第六级，不必完全细化，以免过犹不及。

第二节　文化项目进度规划

一、项目进度规划的概念及意义

项目进度规划是指在确保合同工期和主要里程碑时间的前提下，根据工作分解结构，对设计、采办和施工的各项作业进行时间和逻辑上的合理安排，以达到合理利用资源、降低费用支出和减少施工干扰的目的。从项目进度计划中可能清晰地看出项目中各项工作的开展顺序，开始与结束时间以及相互间的衔接关系。合理的项目进度计划可以保证按时获利以补偿已经发生的费用支出；可以协调资源，保证资源在需要时可以获得利用；可以预测在不同时间所需要的资金和资源的级别，以便赋予项目不同的优先级；可以满足对完工时间进行严格的约束。

项目进度计划的编制工具有工作清单、甘特图、里程碑、网络计划图和日程表。每一种编制工具都有其优缺点，在项目进度规划编制时要灵活使用。在本书中结合沙盘推演，将主要介绍网络计划图和甘特图。

二、网络计划图

网络计划图常用的是双代号箭线图，这是一种用箭线表示工作、节点以及工作相互关系的网络图（图5-12）。

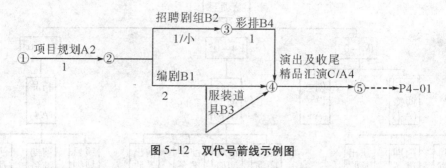

图 5-12　双代号箭线示例图

三、甘特图

甘特图基本形式是一条线条图，通过甘特图能够直观地了解任务计划开始的时间、实际进展情况以及与计划要求进度的对比（图5-13）。

计划	第 21 个月	第 22 个月	第 23 个月	第 24 个月	第 25 个月
A1（创意设计）					
A2（项目规划）	▬				
A3（市场调研）					
A4（精品汇演）				▬	
准备服装与道具（4）套			▬		
准备编剧（4）套		▬			
准备排练（4）轮			▬		
招募剧组（I小型）		▬			

图 5-13　甘特图示例 P4-01 项目

甘特图的绘制方法主要包括：

（1）明确项目涉及的各项活动、项目。具体包括项目名称、顺序、起止时间、任务类型、依赖于哪一项任务等。

（2）创建甘特图草图。将所有的项目按照开始时间、工期标注到甘特图上。

（3）确定项目活动依赖关系和时序进度。按照项目的类型用甘特草图将项目联系起来，并安排项目进度。

（4）综合考虑时间优化、时间—资源优化、时间—费用优化原则，进一步优化甘特图。

四、沙盘中的操作

在文化项目沙盘实训时，由于已经规定了一些基本的任务逻辑关系和持续时间，在操作时只需根据不同的组合来重新梳理即可；同时，在操作中是可以灵活使用网络计划图和甘特图。

（一）第一期项目 P1-01 运营进度规划

（1）厘清项目 P1-01 的工序逻辑关系，如表 5-1 所示。

表 5-1　项目 P1-01 的工序逻辑关系

作业	紧前作业	所需时间
项目规划（A2）	——	1 个月
市场调研（A3）	——	1 个月
编剧（B1）	A2，A3	2 个月
招聘剧组（B2）	A2，A3	1 个月
服装道具（B3）	1/2B1	1 个月
彩排（B4）	1/2B1，B2	1 个月
精品汇演（A4）	A2、B1、B3、B4	2 个月
小型商演（A5）	A2、A3、B1、B3、B4	2 个月

（2）绘制项目 P1-01 的网络计划图。

根据文化项目沙盘实训的规则以及上面的工序逻辑关系，综合考虑时间优化、时间-资源优化、时间-费用优化原则，绘制出网络计划图和关键路径（图 5-14 和图 5-15）。

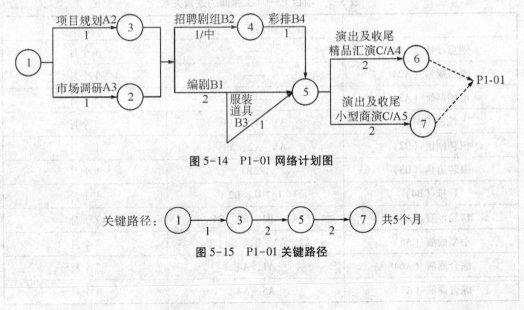

图 5-14　P1-01 网络计划图

图 5-15　P1-01 关键路径

（3）绘制第一期项目 P1-01 的甘特图，如图 5-16 所示。
此时的甘特图可以根据网络计划图来绘制。

计划	第 1 个月	第 2 个月	第 3 个月	第 4 个月	第 5 个月
A1（创意设计）	▬				
A2（项目规划）	▬				
A3（市场调研）	▬				
A4（精品汇演）				▬	
A5（小型商演）				▬	
准备服装与道具（7）套			▬		
准备编剧（9）套		▬			
准备排练（7）轮			▬		
招募剧组（I 中型 ）		▬			

图 5-16　第一期项目 P1-01 甘特图

（二）第三期项目 P3-04 和 P3-11 的网络运营规划

（1）项目 P3-04 工序间的逻辑关系，如表 5-2 所示。

表 5-2　项目 P3-04 工序间的逻辑关系

作业	紧前作业	所需时间
创意设计（A1）	——	1 个月
项目规划（A2）	——	1 个月
市场调研（A3）	——	1 个月
编剧（B1）	A1、A2、A3	2 个月
招聘剧组（B2）	A1、A2、A3	1 个月
服装道具（B3）	1/2B1	1 个月
彩排（B4）	1/2B1、B2	1 个月
精品汇演（A4）	A2，B1、B3、B4	2 个月
小型商演（A5）	A2，A3、B1、B3、B4	2 个月
综合商演（A6）	A1、A4	2 个月
综合商演（A7）	A5、A4	3 个月

（2）项目 P3-04 的网络计划图和关键路径，如图 5-17 和图 5-18 所示。

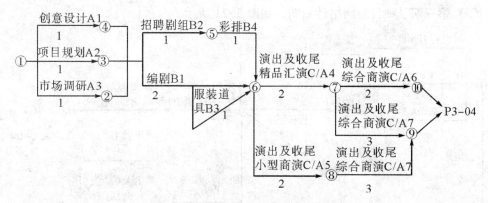

图 5-17　项目 P3-04 的网络计划图

关键路径：①——①—→③—→⑥—→⑧—→⑨ 共8个月

　　　　　　　　1　　2　　2　　3

图 5-18　项目 P3-04 的关键路径

（3）项目 P3-11 工序间的逻辑关系，如表 5-3 所示。

表 5-3　项目 P3-11 工序间的逻辑关系

作业	紧前作业	所需时间
项目规划（A2）	——	1个月
市场调研（A3）	——	1个月
编剧（B1）	A2、A3	2个月
招聘剧组（B2）	A2、A3	1个月
服装道具（B3）	1/2B1	1个月
彩排（B4）	1/2B1、B2	1个月
精品汇演（A4）	A2，B1、B3、B4	2个月
小型商演（A5）	A2，A3、B1、B3、B4	2个月

（4）项目 P3-11 的网络计划图和关键路径，如图 5-19 和图 5-20 所示。

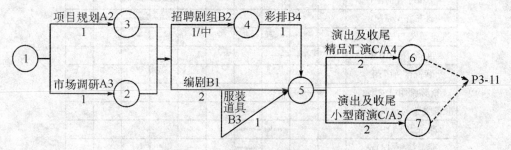

图 5-19　项目 P3-11 的网络计划图

关键路径：①——①—→③—→⑤—→⑦ 共5个月

　　　　　　　　1　　2　　2

图 5-20　项目 P3-11 的关键路径

（5）第三期总项目的网络计划图，如图 5-21 所示。

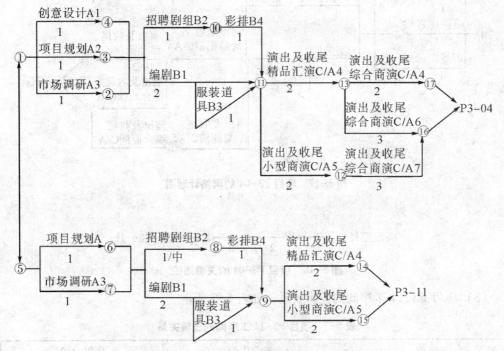

图 5-21　第三期总项目的网络计划图

（6）第三期总项目的运营甘特图，如图 5-22 所示。

计划	第11个月	第12个月	第13个月	第14个月	第15个月	第16个月	第17个月	第18个月	第19个月	第20个月
A1(创意设计)		▨								
A2(项目规划)	-----	▨								
A3(市场调研)	-----	▨								
A4(精品汇演)				----------						
A5(小型商演)				----------						
A4(精品汇演)					▬	▬				
A5(小型商演)					▬	▬				
A6(综合商演)							▬	▬		
A7(综合商演)							▬	▬	▬	
准备服装与道具(7)套			-----							
准备编剧(9)套		-----	-----							
准备排练(7)轮			-----							
招募剧组(1中型)		-----								
准备服装与道具(14)套				▬						
准备编剧(19)套			▬	▬						
准备排练(14)轮				▬						
招募剧组(2中型)			▬							

注：虚线为 P3-11 进度，实线为 P3-04 进度。

图 5-22　第三期总项目的运营甘特图

（三）第四期 P4-01、P4-07、P4-18 项目运营进度规划

第四期三个项目均可以按照此前操作，但要注意项目 P4-18（图 5-23）。

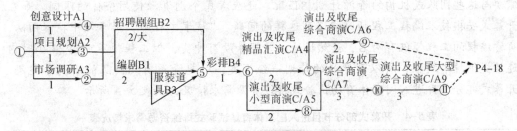

图 5-23　P4-18 网络计划图

由图 5-24 可见，第四期规定的项目完成时间是 10 个月，而选择的项目 P4-18 却需要 12 个月，无论如何优化都会存在拖期情况，这是项目选择不当的结果。

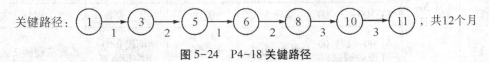

图 5-24　P4-18 关键路径

第三节　文化项目资源规划

一、项目资源规划的概念及意义

项目资源规划就是指通过分析、识别和确定项目所需要资源的种类（人力、设备、材料、资金、技术等）、数量、投入时间和来源等内容的一种项目规划活动。项目资源规划常用的工具有资源矩阵、资源数据表、资源甘特图、资源负荷图、资源需求曲线等。

项目资源规划与项目成本估算紧密相关，是项目费用估算的基础和前提，同时项目资源规划也是影响项目进度的重要因素。项目资源规划的详细程度和准确与否，必须会直接影响项目费用的估算结果和项目进度的顺利开展。由于任何文化项目都会受到资源的限制，因此在项目规划编制过程中，要优化配置各种资源，动态管理各种资源，使资源的可获得性、及时性和有效性达到最佳值。

案例：资源冲突与平衡①

北京奥运会开幕式是由许多项目组织的，开幕式创意的实现与预算的控制是一对矛盾体。一方面要保证项目目标的实现，另一方面还要注重平衡制约目标实现的资源冲突问题。项目管理小组通过计划手段调整、掌控各项目间的需求冲突，达到某种平衡，例如：时间与空间资源的合理分配与充分利用；排练场地、演员、空中设备的均衡使用等。

由于项目所需资源掌握在多个团队手中，还有一些资源在外部和其他利益方那里。

---

① 马旭晨. 项目管理成功案例精选［M］. 北京：机械工业出版社，2010.

这些部门或机构并不是只为开幕式一个项目服务，项目对资源的需求数量、质量、需求时间、释放时间必须有清晰的定义，在排练计划中对资源可获得性的途径描述清楚，使得资源在被使用后能够顺利撤出项目以便被其他项目使用。因此，项目所使用资源需要与这些团队或机构的资源计划相匹配。还应考虑个别资源使用条件的限制。如在开幕式安排技术编程工程师时就遇到这样的问题。"技术工程师"属于空中技术团队，负责编程的工程师仅有两名，虽然场地、时间等没有冲突，但工程师不可能24小时内连续提供技术编程，所以刚开始的计划一经下发，引起资源所属团队的不满和抱怨。开幕式部分节目进入国家体育场试验式排练资源需求情况，如表5-4所示。

表5-4　开幕式部分节目进入国家体育场试验式排练资源需求情况表

序号	日期	时间	人数	工作区域	使用装置	技术编程
1	4月26—30日	17：00—23：00（排练）	编导10人演员96人灰衣40人	草坪区跑道区上空	地面设备QA上空设备纸	编程工程师2人
2		24：00—3：00	编导5人	碗边	上空设备	编程工程师2人
3		4：00—17：00（设备调试）	灰衣60人	草坪区跑道区上空	地面设备QA上空设备纸	编程工程师2人

接到空中技术团队的说明后，项目管理小组又调整了计划，如表5-5所示，将编程工程师的工作时间调整为10小时，在不引起冲突的前提下，将其他导演组的排练需求调整进来，保证了场地24小时的使用时间。

表5-5　开幕式部分节目进入国家体育场试验式排练资源需求情况表

序号	日期	时间	人数	工作区域	使用装置	技术编程
1	4月26—30日	17：00—23：00（排练）	编导10人演员96人灰衣40人	草坪区跑道区上空	地面设备QA上空设备纸	编程工程师2人
2		24：00—3：00	编导5人	全场	灯光调试	
3		4：00—7：00	编导2人演员15人	全场	灯光调试	
4		8：00—12：00（设备调试）	灰衣60人	草坪区跑道区上空	地面设备QA上空设备纸	编程工程师2人

三、沙盘模拟中的操作

在沙盘模拟训练中，已经由沙盘制作公司确定好了每一个具体任务或工作所需要资源及相关价格情况，学生只需要按照规则和资源规划基本方法来确定每期所需要资源即可。

（一）第一期项目P1-01资源规划

第一步：根据项目P1-01的WBS结构图（如图5-4所示）确定这一期所需资源类型及数量：项目规划1次；市场调研1次；服务与道具7套；编剧9套；彩排7轮；

剧组 1 个；一线明星 1 名，完成 1 个节目（第一期该资源由教师统一规定）；舞台场地 1 个（中型）。

第二步：根据文中第一期项目 P1-01 甘特图（如图 5-16 所示），对资源价格、现金流量及进度来统筹协调资源规划，如表 5-6 所示。

表 5-6　第一期项目 P1-01 资源需求细表

第 1 个月	第 2 个月	第 3 个月	第 4 个月	第 5 个月
项目规划 1 次 市场调研 1 次	编剧 9 套	服装与道具 7 套 彩排 7 轮 中型剧组 1 个 中型舞台场地 1 个	1 个中型剧组 一线明星 1 名	1 个中型剧组 一线明星 1 名

（二）第三期项目 P3-04、P3-11 综合资源规划

第一步：根据总的 WBS 结构图（如图 5-7 所示）确定这一期所需资源类型及数量，如表 5-7 所示。

表 5-7　第三期项目资源需求总表

资源	项目 P3-04	项目 P3-11	总计
创意设计（A1）	1 次		1 次
项目规划（A2）	1 次	1 次	2 次
市场调研（A3）	1 次	1 次	2 次
剧组	1 中	1 中	3 中
明星	一线 1 名	无	一线 1 名
彩排场地	1 大	1 中	1 大 1 中
编剧	19 套	9 套	28 套
彩排	14 轮	7 轮	21 轮
服装与道具	14 套	7 套	21 套

第二步：根据文中第三期总项目的运营甘特图（如图 5-22 所示），对资源价格、现金流量及进度来统筹协调资源规划，如表 5-8 所示。

表 5-8　第三期项目资源需求总表

月份	第 11 个月	第 12 个月	第 13 个月	第 14 个月	第 15 个月	第 16 个月	第 17 个月	第 18 个月	第 19 个月	第 20 个月
创意设计（A1）		1 次								
项目规划（A2）	1 次	1 次								
市场调研（A3）	1 次	1 次								
剧组			1 中	1 中	3 中	2 中	2 中	2 中	2 中	2 中

表5-8（续）

月份	第11个月	第12个月	第13个月	第14个月	第15个月	第16个月	第17个月	第18个月	第19个月	第20个月
明星				一线1名	一线1名	一线1名	一线1名	一线1名	一线1名	一线1名
彩排场地		1中	中	1大1中	1大	1大	1大	1大	1大	1大
编剧		9套	19套							
彩排			7轮		14轮					
服装与道具			7套	14套						

注意：在每个月运营的规则中，现金流量的压力直接决定了进度安排和资源协调，要综合考虑很多因素，尽量去寻找最优的资源配置方案。另外，在资源规划中，我们一般是遵循先计算出项目总的资源需求，然后再逐级分列到每一个工作阶段中，但在复杂的项目运作中，也可以灵活处理，只要能够达到成本、进度、质量的平衡协调，不至于造成资源冲突即可。

复习思考题

1. 什么是工作分解结构（WBS）？如何绘制 WBS 图？
2. 什么是进度规划？什么是网络计划图？如何绘制网络计划图？
3. 什么是资源规划？如何绘制资源规划图？
4. 请自行选择一个项目包，并绘制其工作结构分解图、网络计划图和资源规划图。

参考答案请见本书配套 ppt。如需配套 ppt，请联系成都杰科力科技有限公司（028-81711073）。获取更多习题练习，请扫码关注微信公众号：上课宝。

第六章

文化项目管理沙盘模拟中项目的运营过程控制

┌─ ■学习目标 ───┐
│ ●掌握费用控制包括哪些内容
│ ●了解总收入、总成本、利润、总毛利、现金流的概念及在项目管理中的重要
│ 作用
│ ●掌握进度控制方法及沙盘中的操作
│ ●掌握风险控制方法及沙盘中的操作
│ ●了解企业品牌投入的意义及沙盘中的操作
└───┘

第一节　费用控制

一、费用控制战略

文化产业具有高投入、高风险的特性，因此一定要注意费用控制。在充分发挥文化生产力要素潜力的情况下，有效的成本费用控制是文化项目健康运转的必要条件。

（一）费用控制的内容

（1）员工劳务费。

（2）营销管理费用：①市场调研；②项目的营销策划。

（3）财务费用。

（4）材料费用。文化产业的特点决定了在文化项目中服装、道具等费用的开支较大，需要加以控制。

（5）其他费用。由于文化产业的特殊性以及涉及范围较广，除上述几种费用以外，还包括设施及设备、保险、坏账以及日常的开支预算等。

（二）费用控制的基本原则

（1）全程控制原则。一方面是指在文化项目建设及运营的过程中，项目组成员需全员参与、全员控制；另一方面是指文化项目费用的全过程控制，使得文化项目的建设及运营费用始终处在有效的控制范围内。

（2）适应性原则。应该根据项目建设及运营的实际情况，对费用控制措施进行适当的调整。

（3）经济效益原则。应尽可能在降低文化项目的人力、财力、物力投入的同时，去提高项目的经济效益。一方面是收支对比原则；另一方面是节约原则。

（三）费用控制的方法

文化产业的费用控制方法主要有成本动因法、相对成本控制、绝对成本控制、价值链分析法、作业成本法、竞争对手分析法等，这里主要介绍成本动因法及价值链分析法。

（1）成本动因法。成本动因法通过分析费用产生的根本原因，从而控制项目在日常的运营过程中存在的大量潜在费用问题。在成本费用管理中可以考虑适当的控制经营规模、人力资源等方面来有效地控制成本费用。

案例：刘老根大舞台——"小品王"的大产业[①]

赵本山很有危机感，他认识到，只做小品演员会被大环境控制，太有局限性；可如果有了自己的影视产品，其受限性就相对小品好了很多。他在没有一分钱贷款的情况下，办公司、拍影视剧，在成本费用控制上非常有一套。刘老根大舞台所有的演员都是自己的徒弟和员工，这些演员白天拍电视剧，晚上在搭舞台演出，只拿一份工资。除了演员，本山传媒的每名职员也绝不能只做一份工作，有很多都是既演戏又当总裁助理。他的一切运作都只有一个目的，就是让更多观众掏钱买票看节目。

（2）价值链分析法。价值链分析法主要是指分析文化项目在市场上的竞争优势，由此来确定成本费用管理的一种方法。文化项目的价值链是对文化产品消费的过程进行分解，以确定在各个阶段的费用与效益，从而确定文化项目在市场竞争中的优劣势。

案例：扬州工艺美术集团有限公司[②]

扬州工艺美术历史悠久、品种齐全、技艺精湛。在继承和保护的同时，必须致力于寻求一条创新与发展之路。因此，扬州工艺美术集团有限公司树立了"小商品大文化、小商品大产业、小商品大市场"的观念，在融入文化旅游市场的同时，提高与其他产业的结合度。

①与旅游市场结合，树立旅游大资源观念，实现了工艺美术与旅游业的双赢与互动。

②与装饰市场结合，运用现代理念和中西方美术结合的手法，开发出各类新型室内装饰壁画、挂屏等装饰品。

③与礼品市场结合，注重加强对国家政策法规和潜在市场的深入研究，把握礼品

---

① 欧阳友权. 中国文化品牌报告［M］. 北京：中国市场出版社，2010.

② 欧阳友权. 中国文化品牌报告［M］. 北京：中国市场出版社，2010.

的观赏性、实用性等多重功能。

④与收藏投资市场结合，吸纳全国各地古玩和工艺品收藏家来扬州设立窗口，形成了包括工艺美术品在内的收藏品市场。

二、沙盘中的操作

（一）沙盘推演过程中各种费用控制

在沙盘推演中，所需要控制的费用可以用表6-1体现出来。

表6-1　沙盘推演费用控制项目

计划	第1个月	第2个月	第3个月	第4个月	第5个月
剧组费用与明星费用					
服装道具、编剧与排练费用					
节目研发与艺员培训费用					
场地建设或租赁费用					
期间费用（品牌宣传费、贴现费等）					
项目前期费用（A1/A2/A3）					
资质认证费用					
总费用					
项目收款与其他回款					
众筹、贷款收入					
期末剩余资金					

按照常规费用控制分类法，可以将沙盘推演中的费用项目进行如下归类控制：

1. 材料费用控制

材料费用主要包括服装道具、编剧、彩排等。这些费用在前期进行资源规划时已经将其所需种类、投入时间、投入数量进行了详细规划，此处只需要根据资源规划表进行控制就可以了。

2. 员工劳务费用控制

员工劳务费同样也在前面的资源规划表中列出来了，包括明星费用及剧组工资；但在这里要注意的是，明星等级及完成节目总数不仅会影响本期节目的好评率及分红，而且还会影响下期竞标。另外，不同类型剧组有不同的招募期。从节省项目时间和提高公司资质认证的角度出发，可以自建剧组，但需支付剧组待岗期间的工资。所以，项目团队在实际沙盘演练时必须纵观全局，通盘考虑明星费用问题以及是否要自建剧组。

3. 营销与管理费用控制

在沙盘推演中营销与管理费用主要包括：

（1）项目前期的各项论证，即A1、A2、A3的费用。这一部分在资源规划表中已经列出来了，可以以此为依据进行费用控制。

（2）品牌宣传费和节目研发与艺员培训费。品牌宣传费会直接影响本期竞标，节目研发与艺员培训费会影响本期节目的好评率，还会影响下一期的项目竞标。

（3）资质认证费。资质认证直接关系到企业是否能接有资质要求的项目。所以项目团队在此处面临的问题是：从提高企业竞争力的角度来看是需要甚至加大在品牌宣传、节目研发与艺员培训以及资质认证这些方面的投入力度的；但从费用角度来看，会给当期的现金流造成很大的压力，同时还会影响当期的利润。所以，项目团队在实际沙盘演练时必须纵观全局，通盘考虑是否需要投入以及投入的力度问题。

4. 财务费用控制

沙盘推演规则限制了资金不足时的融资方法，只有应收账款贴现和众筹两种方法。

众筹是可以全程灵活融资的。为了保证现金能够支付当期各种费用及银行贴现费用，项目团队必须计算每期是否需要众筹以及众筹金额、是否参与其他小组众筹以及众筹金额。比较经济实效的是适量众筹，每期众筹数额以能保证支付当期费用为准。另外，有适当余力可以参加其他小组的众筹。

5. 舞台场地建设或租赁费用

按照规则，从节省费用和提高资质认证的角度考虑，项目团队可以选择自建场地，但付出的代价是建设周期所造成的时间浪费和当期支出过大所造成的现金压力。

（二）沙盘推演过程中的成本——利润分析

沙盘推演过程中所运用的成本（综合费用和利润分析）如表6-2和表6-3所示。

表6-2　综合费用

单位：万元

综合费用明细表	
项目	本期数
节目研发与艺员培训费	
资质认证	
品牌宣传费用	
场地租赁	
其他费用（拖期罚金）	
贴现手续费	
无法收回的应收款	
合计	

表6-3　利润表

单位：万元

项目	本期数
总收入	
排练、服装道具、编剧	

表6-3（续）

项目	本期数
剧组工资和明星薪酬	
总毛利	
综合费用	
创意设计/市场调研/项目规划费用	
利润	
收到的众筹分红	
总利润	

（1）总收入：总收入为每一期项目团队所中标项目的总金额+节目卖座分红款。

（2）总成本：按照上表中的计算，包括综合费用，彩排、服装道具、编剧费用，剧组工资与明星费用，以及 A1/A2/A3 的费用。

（3）利润：在沙盘推演过程中，由于没有折旧计算，涉及一些投资，如资产投资、资质认证、场地建设等都是一次性计入当期成本当中，这必然会对当期的利润造成影响，所以并不一定是当期利润为正就好，当期利润为负就不好，而是要长远地看问题。当然，如果长期利润为负，而自身承受能力或融资能力差，也可能面临破产的境地。

（4）总毛利：在沙盘推演中，毛利润＝总收入-（服装道具+编剧+彩排费用）-剧组工资与明星费用，它反映了可变生产资料对企业生产处于停止营业点时（即总收入能够弥补全部可变成本，但不能弥补固定成本时）的决策有重要影响。

（5）总毛利与利润的关系：计算毛利润的意义在于，如果不做该（笔）业务，一些资源就会被浪费或仍然会被消耗，利润就会变成负值；如果做该（笔）业务，就可能赢利或减少亏损。对于效益相当好、资源利用率高的企业，完全可以忽视毛利润这个概念。

（6）现金流：在沙盘推演中，如果有一个月没有现金流而又无法融资时，那么整个项目都进行不下去，所以必须给予现金流足够的重视。

（7）现金流与利润的关系：有现金流时，公司利润不一定为正；无现金流时，公司不一定处于没有利润状态。在沙盘推演或者实际项目运作中，即便公司尚有利润，如果没有现金流来支付当期所要支出的费用，尤其是可变材料费用时，项目可能会进行不下去，公司有可能面临破产的境地。

如图 6-1 所示，以第一期运营绩效相关数据为例，我们可以通过利润表查看当期的利润为 58 万元，若是希望通过控制各项费用支出来提升利润率，只能是通过调节综合费用支出来达到此目的。在综合费用明细表中，当期的节目研发与艺员培训费、资质认证、品牌费用都是可以直接调整的，大、中、小型场地也要精心设计，使用最适合的；否则也会造成不必要的费用开支。

第一期综合费用明细表　单位：万元

项　　目	本期数
节目研发与艺员培训费	20
资质认证	0
品牌宣传费用	10
场地租赁	20
其他费用（拖期罚金）	0
贴现手续费	0
无法收回的应收款	0
合计	50

第一期利润表　单位：万元

项　　目	本期数
总收入	233
排练、服装道具、编剧	41
剧组工资和明星薪酬	54
总毛利	138
综合费用	50
创意设计/市场调研/项目规划费用	30
利润	58
收到的众筹分红	-6
总利润	52

图6-1　第一期运营绩效

案例：祥和中国节项目成本控制措施①

2010年，祥和中国节作为湖南电台的一个文化项目，刚开始时如何操作并没有形成定论，如何进行成本控制也成为一大难题。

项目成本控制主要包括间接成本控制和直接成本控制。所谓间接成本控制主要是管理费的控制，其主要支出在于项目管理机构。因此，要精简管理层，尽量任用一专多能型的管理人员，降低管理人员的费用。以祥和中国节项目的宣传推广组为例，其主要成员是频道的记者、编辑，在项目需要时，随时抽调到项目中来，在平时可以回归到自己的工作岗位，因此从人员成本来说，费用是相当低的。同时还要分解各项间接费用，严格控制各项指标，压缩开支。以祥和中国节为例，每年有7场活动，也即7个小项目，为了能够使活动物资得以重复利用，压缩开支，在购买某项财物的时候，最先考虑的不是它是不是最低价，而是考虑它能够重复使用多少次，以降低后来的项目成本。为了做好成本控制，财务部门要逐月或者每周对项目管理费的使用情况进行分析，发现问题，及时反映，分析原因，制定纠正措施。

除了间接成本，直接成本是项目执行过程中消耗的各项费用，它包括人工费、场地使用费、材料费和演出费等成本费用。直接成本控制是降低项目成本的关键。

（1）人工费的控制。人工费控制按照"量""价"分离的原则，一般情况下，祥和中国节项目会根据项目活动大小来确定人数，能够减少人数的尽量减少人数，能够请到价格公道的外援就绝不请价格高的，以减少不必要的人工费支出。

（2）场地使用费的控制。祥和中国节项目的举行，一般需要场地。从人民大会堂到天门山，再到岳麓山，到大理，祥和中国节每个项目的场地不同，支出费用肯定是不一样的，而且区别很大。为了控制场地使用费，就必须先对各场地价格进行打探，看最低报价是多少，能不能通过某种关系或者力量让其免费。如果不行的话，再测算

---

① 肖枭. 湖南电台祥和中国节项目管理研究［D］. 长沙：湖南大学，2012.

其是否在成本预算之列，如果超出了又能超出多少，有什么办法可以弥补或者解决。在客户没有特别要求的时候，场地费用当然是价格越低越好。

（3）材料费的控制。祥和中国节项目执行过程中，可能要消耗各种各样的材料，比如灯箱及背景板的制作、宣传带的设计、国际长途电话等。材料费的控制，既要控制材料的用量，又要控制材料的价格，因此材料采购人员必须货比三家，比价格，比质量，此外还要考虑材料的循环利用。

（4）演出费（或活动现场费用）的控制。为了让演出达到效果，晚会或者活动现场或多或少会有明星的加盟和其他演职人员的参加，因此邀请什么级别的明星以及与什么样的团队合作都需要经过认真比较、沟通，或者需要动用一些社会关系、社会资源，以期让成本达到最低，而效果又有保证。

在进行项目成本控制时，项目经理必须落实既定的各路资金，说服客户及时拨付资金，达到有效监管，确保项目的生产过程顺利完成。与此同时，还要对到账资金进行有确保并有效地使用，防止浪费和不当支出。

第二节　进度控制

一、项目进度控制的步骤

（1）监控项目的实际进度是关键。随着项目的进展，不断观测进度规划中所包含的每一项工作的实际开始时间、实际完成时间、实际持续时间、目前状况等内容并加以记录，以此作为进度控制的依据。

（2）确定实际进度完成情况对项目进度的影响，要求每隔一段时间对项目进度规划实施情况进行一次系统地观测、检查，进行项目进度控制的动态跟踪与监控。

（3）识别进度偏差，分析出现偏差的原因。各控制期期末与项目规划对比，评价项目进度状况，发现项目进度的偏差，对诱发项目进度变化的因素进行分析。

（4）确定应采取哪种具体的项目进度控制措施，调整进度，预测新的工期状况。

（5）拟定可行调整方案，将项目变更融入进度规划。计算出新的进度规划，控制项目的进度。将项目进度纠正措施列入规划，形成项目进度变更报告并进行预测和验证。

二、沙盘中的进度控制

在沙盘推演中，项目团队必须对进度进行严格控制。

（一）进度控制的依据及责任人

在沙盘推演中，先期制订的网络计划图、甘特图是进度控制的依据，一般来讲应该严格执行。根据项目团队的分工，进度控制由全体项目团队成员共同参与，但主要由项目经理来承担，当团队成员就进度问题发生冲突时也应该由项目经理来决策。

（二）影响项目进度控制的因素

尽管已经先期制订了进度规划，但在实际操作中可能会遇到一些问题，会影响进度控制。

1. 项目进度规划不完善影响进度

有些项目团队为了快速拿到竞标分数，或者赶超其他团队完成项目，在规划阶段马虎行事，导致进度规划不完善影响项目进度。

例如，在第三期项目运营中，小组 A 选择了两个项目包，分别是 P3-05 和 P3-06。在不组合的情况下，P3-05 项目所需花费的时间为 7 个月（图 6-2），P3-06 项目所需花费的时间为 10 个月（图 6-3），且二者都只需要安排小型的剧组和彩排场地。

计划	第11个月	第12个月	第13个月	第14个月	第15个月	第16个月	第17个月	第18个月	第19个月	第20个月
A1(创意设计)	▬									
A2(项目规划)	▬									
A3(市场调研)										
A4(精品汇演)				▬	▬					
A5(小型商演)										
A6(综合商演)						▬	▬			
A7(综合商演)										
A8(综合商演)										
A9(大型综合商演)										
准备服装与道具(7)套			▬							
准备编剧(8)套		▬	▬							
准备排练(7)轮			▬							
招募剧组(1中型)		▬								

图 6-2　P3-05 项目包甘特图

计划	第11个月	第12个月	第13个月	第14个月	第15个月	第16个月	第17个月	第18个月	第19个月	第20个月
A1(创意设计)	▬									
A2(项目规划)	▬									
A3(市场调研)	▬									
A4(精品汇演)				▬	▬					
A5(小型商演)										
A6(综合商演)						▬	▬			
A7(综合商演)										
A8(综合商演)								▬	▬	▬
A9(大型综合商演)										
准备服装与道具(12)套			▬							
准备编剧(13)套		▬	▬							
准备排练(12)轮			▬							
招募剧组(1中型)		▬								

图 6-3　P3-06 项目包甘特图

若是将两个项目包组合在一起，考虑整个项目的进度，则需要花费 10 个月的时间（图 6-4），且还需要安排中型的剧组和彩排场地才能按时完成整个项目。

　　注意，图 6-4 中实线表示 P3-05 项目，虚线表示 P3-06 项目。

计划	P3-05和P3-06项目包									
	第11个月	第12个月	第13个月	第14个月	第15个月	第16个月	第17个月	第18个月	第19个月	第20个月
A1(创意设计)	-----		▅▅▅							
A2(项目规划)	-----		▅▅▅							
A3(市场调研)	-----									
A4(精品汇演)				---------		▅▅▅	▅▅▅			
A5(小型商演)										
A6(综合商演)						▅▅▅	▅▅▅			
A7(综合商演)										
A8(综合商演)								---------		
A9(大型综合商演)										
准备服装与道具(12)套			-----		▅▅▅					
准备编剧(13)套		--------		▅▅▅	▅▅▅					
准备排练(12)轮			-----		▅▅▅					
招募剧组(2中型)		-----		▅▅▅	▅▅▅					

图 6-4　P3-05 和 P3-06 项目包甘特图

2. 临时决定放弃或增加工作内容影响进度

　　临时决定放弃或增加资质认证会影响进度，建设什么类型的场地也会影响进度。

　　例如在第三期运营时，小组 B 选择了 P3-05 和 P3-15 项目包，在进行项目规划时发现 P3-15 项目最少需要 11 个月才能完成（图 6-5），超出了本期最长的 10 个月。因此必须要放弃 P3-15 项目，那么就只剩下 P3-05 项目，重新进行项目规划后的甘特图与之前图 6-2 相同。在未放弃前，小组 B 需要租赁或建设的为大型剧组和场地，而根据图 6-5，只需要租赁或建设中型剧组和场地便足够了。

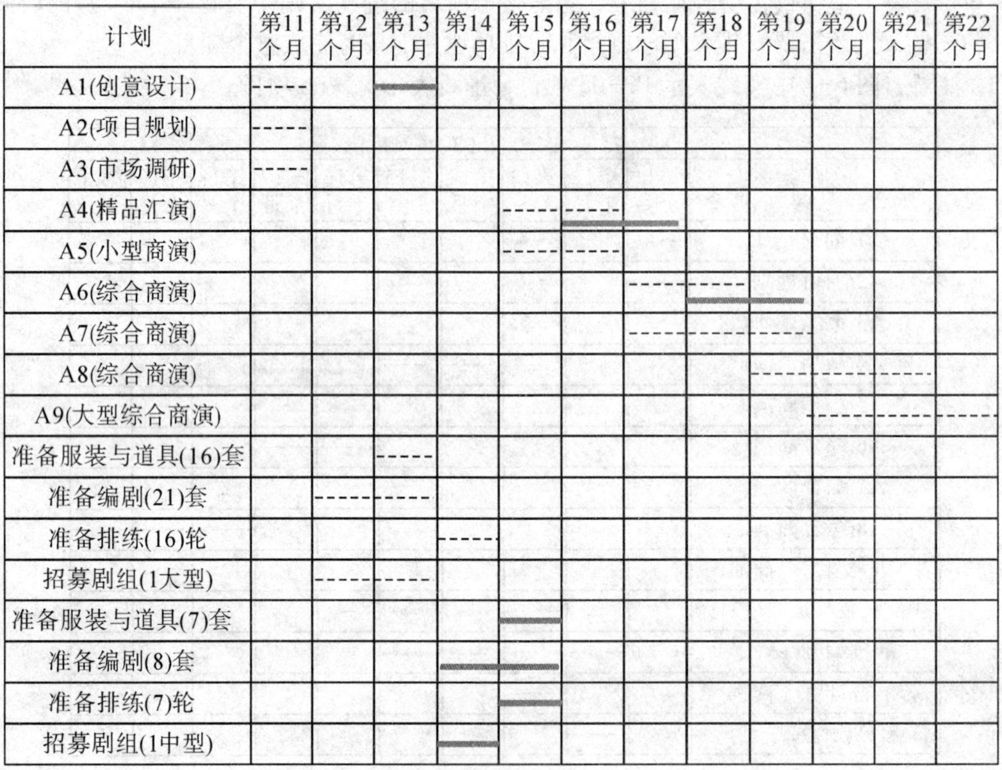

计划	第11个月	第12个月	第13个月	第14个月	第15个月	第16个月	第17个月	第18个月	第19个月	第20个月	第21个月	第22个月
A1(创意设计)	-----		▬▬									
A2(项目规划)	-----											
A3(市场调研)	-----											
A4(精品汇演)					-----	-----	▬▬					
A5(小型商演)					-----	-----						
A6(综合商演)							-----	▬▬	▬▬			
A7(综合商演)							-----					
A8(综合商演)										-----	-----	-----
A9(大型综合商演)												
准备服装与道具(16)套			-----									
准备编剧(21)套		-----	-----									
准备排练(16)轮				-----								
招募剧组(1大型)		-----	-----									
准备服装与道具(7)套					▬▬							
准备编剧(8)套				▬▬	▬▬							
准备排练(7)轮					▬▬							
招募剧组(1中型)				▬▬								

注：实线表示 P3-05 项目，虚线表示 P3-15 项目。

图 6-5　P3-05 和 P3-15 项目包甘特图

3. 抽到风险发生器指定的风险影响进度

有些风险是需要拖期、有些风险是需要延迟交货等，这些都会影响进度。风险开始的时间不确定，所以学生需要根据风险调整进度。

若小组 A 在第三期运营时只选择了一个项目包：P3-05，根据图 6-2 可知，完成项目包 P3-05 所需的时间为 7 个月。当该小组抽到的风险为：所有道具服装延迟一月供货。根据本沙盘的规则，我们必须要在所有筹备工作做好后才能开始节目的彩排，那么在第 4 个月便无法按时开始 A4 项目的彩排，必须要往后延迟一个月，如图 6-6所示。

计划	第11个月	第12个月	第13个月	第14个月	第15个月	第16个月	第17个月	第18个月	第19个月	第20个月
A1(创意设计)	▬▬									
A2(项目规划)	▬▬									
A3(市场调研)										
A4(精品汇演)					▬▬▬▬					
A5(小型商演)										
A6(综合商演)							▬▬▬▬			
A7(综合商演)										
A8(综合商演)										
A9(大型综合商演)										
准备服装与道具(7)套				▬▬						
准备编剧(8)套		▬▬								
准备排练(7)轮				▬▬						
招募剧组(1中型)	▬▬									

图 6-6　风险影响下的 P3-05 项目包甘特图

4. 因众筹规划不当影响进度

众筹规划失误，以至当月无法支付一些费用，需要重新进行项目规划。

例如在第二期运营时，小组 C 选择了 P2-05 项目包，在项目规划后开始进行推演（期初现金余额 28 万元，预付款 52 万元）。他们根据手里的现金，决定只在当期期初众筹 20 万元，但在不断推演后，在 10 月发现无法支付费用，资金链出现断裂。我们对当期他们所做的项目进行现金预算，可以明显看出在 10 月现金已为负（表 6-4），因而小组 C 应该在 6 月众筹 60 万元才能顺利推演项目。

表 6-4　P2-05 项目现金预算

单位：万元

计划	第6个月	第7个月	第8个月	第9个月	第10个月
剧组费用与明星费用			12	21	21
服装道具、编剧与排练费用		27	14		
节目研发与艺员培训费用					20
场地建设或租赁费用		20			
期间费用（品牌宣传费、贴现费等）	10				
项目前期费用（A1/A2/A3）	30				
资质认证费用					
总费用	40	47	26		
项目收款与其他回款	52	47			
众筹收入	20				
期末剩余资金	60	60	34	13	−28

（三）解决措施

1. 教师加强对项目团队前期进度规划的指导及审核

针对由项目进度规划不完善引起的进度控制问题，教师应该加强对其前期的指导和严格审查，同时提高学生对进度规划的重视程度。

2. 教师应严格控制项目时间、严肃项目推演的现实性

教师应该严格控制项目时间，根据学生的学习时间，一般遵循 2~4 期逐渐缩短的规律，这样能够在最大限度上控制项目团队在其中由临时决策、众筹规划、利润太低等引起的进度控制问题。同时，应该要求学生在思想上和行为上贴近现实操作，而不要停留在虚拟空间里，从而严肃推演的现实性。

3. 项目团队应该不断磨合，增强凝聚力

项目团队磨合是一个过程，其中项目经理非常重要，建议由学生民主推选。同时，项目团队每期结束时，也应该通过口头表达和书面撰写两种方式进行项目总结，总结经验，了解问题，寻求解决方式，同时也应该积极学习其他组的成功经验，以弥补自己团队的不足，增强凝聚力。

案例：祥和中国节项目进度控制[①]

在祥和中国节项目中，湖南人民广播电台采用下发任务单的方式，项目经理在分派任务时，在任务单上对任务做出明确地描述，并指出需要完成的时间，同时和责任人进行当面沟通和确认，并得到责任人的承诺。任务委派完成后就是执行，在执行过程中，项目经理要及时和各任务小组、客户沟通情况和交流进展，调度和协调资源，处理变更和应付意外。检查可以在执行过程中的检查点进行，也可以在特定的时点进行。检查的目的是比较实际情况与计划差异，以确定当前的状态。湖南人民广播电台在祥和中国节项目中主要采用的检查方式有例会、周报、口头询问等。祥和中国节以传统节日为基点，因此要求项目必须在规定时间内完成。这就要求项目团队按照序时进度，倒排时间，按时保质地完成项目。

为了让祥和中国节项目控制更为有效，湖南人民广播电台使用了关键日期表。它是最简单的一种进度计划表，只列出一些关键活动和进行的日期。例如祥和中国节七夕项目的组织安排，包括项目策划、项目融资、项目推广、项目后勤保障等多个配套服务，这些都需要根据文化活动的规律加以组织，确定关键活动的里程碑。比如，为了让客户或者说投资商对活动感兴趣，更好地进行招商融资，项目计划、方案可能会在活动开始前两个月出来，这就是一个关键日期。相比其他项目控制方法，关键日期表最大的优势在于简单明了、一目了然、编制时间短且费用比较低。因此在祥和中国节各个小项目中经常使用。

总之，项目进度管理是一个由众多因素相互影响的过程，进度管理中的每一个策略充分体现了项目管理是一项看似简单而实际复杂的学问。

---

① 肖枭. 湖南电台祥和中国节项目管理研究 [D]. 长沙：湖南大学，2012.

第三节　风险控制

文化产业本身就是一个高风险的产业，如果投入失败，往往连基本的资本都无法收回。常见的风险主要有投资风险、社会风险、政策风险等。

1. 投资风险

传统产业的投资资金一般用于购置固定资产，也就是说，即使项目运营状况较差，还有一定的固定资产。而文化项目的投入资金一般用于创意和制作方面，一旦在市场没有取得较好的收益，投入的资金很难收回。

例如：《梦想合伙人》仅制作费就达到了9 000万元，该片题材迎合了当下创业的潮流，主演也是包括姚晨、郝蕾、唐嫣在内的明星阵容，请来了《来自星星的你》的导演张太维担任导演，对外宣传口号搭载了"女版《中国合伙人》"的噱头，但《梦想合伙人》最终票房仅有8 000万元左右。

2. 社会风险

社会风险是一种导致社会冲突、危及社会稳定和社会秩序的可能性，更直接地说，社会风险意味着爆发社会危机的可能性。一旦这种可能性变成了现实性，便会对文化项目产生较大的冲击。

据有关报道，在一些文化项目集聚区存在一些不太利于产业发展的因素，即民间经常由于宗族的冲突而大打出手，这些都很可能阻碍文化项目建设的顺利进行。

3. 政策风险

政策风险是指政府有关文化产业政策发生重大变化或是有重要的举措、法规出台，引起文化产业市场的波动，从而给投资者带来的风险。文化产业由于其自身的特殊性，在产业发展的过程中，常见的政策风险主要有知识产权政策、融资政策以及财税政策等。

文化产业与传统产业相比较，其成果更容易复制共享，假如不采取一定的措施，文化项目很难获得预期的效益，因此在文化产业发展的过程中，需要解决最基本的问题就是知识版权问题；同时由于国家对于文化产业发展资金扶持的力度还不够，相关融资的政策法规也不健全，都会为文化项目的开发运营带来一定的风险。

除了上述几种风险之外，文化项目由于自身的特殊性，还存在技术风险、担保方风险等，由此可见，在项目的建设过程中总是存在一定的风险，有的风险是已知的，有的风险是可预测的，有的风险是不可预测的，但只要采取适当的措施就能够降低风险，提高文化项目抵御风险的能力。

由于项目的特殊性、普遍性以及项目风险的多样性、复杂性，因此，项目风险管理也具有复杂性等特点，同时对项目风险管理的认识也存在一定的差异。

文化项目风险控制方法有下列几种：

（1）风险转移。风险转移是指将风险转移至其他人或其他组织，其目的不是为了降低风险发生的概率或者减轻风险带来的不利后果，而是借助协议或合同，在风险事故发生后将损失的一部分转移给有能力承受或控制风险的个人或组织。文化项目常见的风险转移方式有：保险、控制型的非保险转移和财务型的非保险转移。例如，电影产业的保底发行，就是一种风险转移的典型。保底发行作为一种全新的发行方式，正在越来越多地受到电影行业的青睐。《美人鱼》《叶问3》《西游降魔》等，都采用了保底发行的方式。

（2）风险隔离。风险隔离包括既相互区别又相互联系的两个方面：分割和复制。两者的目的都是尽量减少经济单位对特殊资产（设备）或个人的依赖性，以此来减少因个别设备或个人的缺损而造成的总体上的损失。隔离风险是把风险单位进行最大限度的分割或复制，就好比"不要把所有的鸡蛋放在一个篮子里"，损失即便发生，损失程度也不会太大①。

（3）权威的价值评估体系。如何评估文化项目或文化产品的市场价值，对于风险控制来说至关重要，这就要求文化产业要有一套成熟完善的评价体系。例如影视、艺术品、会展、演艺等行业，有一套统一的、权威的，以及为行业内外所接受、认同与信赖的估值体系。在这套权威的估值体系下，文化企业与保险公司能够就文化产品的身份、市场价值和文化企业或个人的身份信息（如影视产品的版权价值、预期票房、重要演职人员身价、文物类与非文物类艺术品的身份真伪、历史交易记录、所有者身份信息、实际价值等）达成共识，以推动保险活动的顺利进行。

（4）专业的防损机制。专业的防损机制不但能有效减少文化项目或文化产品发生风险的概率，主动去防止风险的发生，降低文化企业或项目在风险产生时的物质损失和精神损失，提升文化产业风险控制机制的运行效率，还能帮助建立健全的市场秩序，完善产业链，促进文化产业宏观环境的全面优化。

三、沙盘中的操作

项目风险管理从项目一开始便已经存在，在沙盘上的体现主要是从项目第二期运营开始使用项目风险触发机制。

第一步，教师选择任意时间，在教师文化项目管理沙盘主控台中点击"风险模拟"选项，详情如图6-7所示。

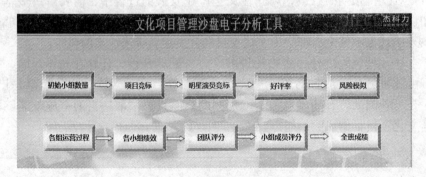

图6-7　沙盘总控平台

---

① 何文炯. 风险管理［M］. 北京：中国财政经济出版社，2005.

第二步，进入项目模拟风险发生器界面，每期系统将随机给出各公司所面临的风险，本沙盘共有 5 种不同类型的风险，详情如图 6-8 所示。

组号	发生的风险序号	项目模拟风险发生器
		风险序号
1	3	
2	4	0. 甲方要求增加 M2 节目，给予补偿 10 万元
3	0	1. 10%应收款无法收回
4	4	2. 所有编剧发回重改，重改后不需重新排练，
5	3	但本期第 7 个月停工一月
6	2	3. 所有大型剧组在本期第 7 个月停工一月
7	0	4. 所有道具服装延迟一月供货
8	4	

图 6-8　项目模拟风险发生器界面

第三步，教师端完成风险模拟设置后，各组面临问题是不同的，公司在项目管理中表现也是不同的。有些风险会对公司后期项目产生影响，比如项目拖期两个月，该风险会导致公司后期第三期项目管理调整。有些风险产生的影响则较小，以其中一组为例，在第二期中遇到风险为：有 10% 的应收款无法收回，那么公司在该阶段利润减小，不会影响公司后期项目的运营。如 54 万元应收款 10% 无法收回，发生的风险损失应该填写在图 6-9 中深色方框的位置。

第二期项目运营过程控制　　单位：万元

作业		责任人	第6个月	第7个月	第8个月	第9个月	第10个月
期初现金余额							
期初	（1）清空费用栏/填写竞标单/支付品牌宣传费	业务与外联					
	（2）拿项目包/填写项目总金额						
	（3）领取本期项目预付款						
	（4）进行创意设计、市场调研、项目规划并支付费用	节目与策划					
	（5）发起众筹，收到众筹款	项目经理					
	（6）参与其他组的众筹，支付众筹金						
每月	（7）支付应收款贴现费	财务主管					
	（8）更新应收款，应收款到期收回或提前贴现，本金为						
	（9）本期无法收回的应收款金额为		6				

图 6-9　无法收回的应收款

第四节　企业品牌投入控制

在经济全球化和市场竞争越来越激烈的大背景下，品牌的作用逐渐凸显。美国著名品牌专家 Larry Light 说："未来的营销是品牌的战争，即品牌互争长短的竞争。拥有市场比拥有工厂更重要，而拥有市场的唯一途径就是拥有强势的品牌。"[①] 因此，品牌已经成为一个企业竞争力的一种体现，是企业的无形资产。所以，打造知名品牌已经成为企业提升综合竞争力和打造百年基业的重要手段。

一、品牌的内涵

品牌是指消费者对企业的产品、服务及其形象的整体认知，品牌是一种无形资产，能够给企业带来强大的竞争力，同时增加企业产品或服务的价值。企业通过广告中所使用的广告语、色彩、背景音乐等要素来塑造品牌，把企业的价值观念、经营理念融入品牌中去，通过品牌信息的传递，增强企业竞争力。

二、文化品牌的构建与传播策略

1. 文化品牌的构建

文化品牌的构建方法主要有广告、公共关系、口碑传播、销售传播等，其中广告是品牌构建最主要的手段。

案例：整合营销，开拓"羊"品牌[②]

系列动画电影《喜羊羊与灰太狼》的宣传模式在国产动画电影中可谓是独具匠心。首先，在宣传开发上和衍生品市场开发一样，实行授权推广；其次在宣传手段上，在全国建立了40多家"喜羊羊开心乐园"；最后，在宣传规模上，宣传方采取了大规模、高频率、高强度的整合宣传方式。作为投资方的上海文广集团，曾利用其旗下的13个频道和相关新媒体等媒介资源全方位推广影片，例如在影片上映前，发行方 SMG 就在电视、地铁车厢等媒体滚动宣传，通过一系列的广告活动去吸引受众的关注，提高影片和"羊"品牌的影响力。

2. 文化品牌的传播策略

文化品牌传播是诉求文化，同时也是形成文化品牌价值观和影响力的重要组成部分。通过对文化品牌信息的有效传播，能够让文化品牌在消费者心中留下深刻印象，可以迅速扩大文化品牌的影响力。

（1）差异化传播策略。文化品牌的内涵具有各自的特色，因此，只有在传播过程中找准差异、突出特色，才能在有限的品牌投入中使文化品牌的价值最大化。

案例：拉萨市娘热乡民俗风情园——千年民俗，藏史春秋

在娘热乡民俗风情园创建之初，投资者发现，旅游发达地区对于旅游业的认识已经不只是局限于开发景观，而是发展成了一种融合当地文化、民俗的大旅游模式，这

---

① 戴世富. 品牌传播学［M］. 广州：华南理工大学出版社，2009.

② 欧阳友权. 中国文化品牌报告［M］. 北京：中国市场出版社，2010.

种大旅游与传统旅游业相比，在拉动经济发展、弘扬民族文化上的作用是巨大的。而娘热乡的热沟内文化积淀深厚，针对当时旅游资源开发模式单一、开发层次浅、产出低的现状，他们决定另辟蹊径，发展民俗文化旅游业。在文化品牌宣传中，独树一帜，差异化宣传，最终在旅游市场取得较好的成果。

（2）整合营销传播策略。凡是能够将文化产品、文化品牌和任何与市场相关的信息传递给消费者或潜在消费者的过程与经验，均被视为可以利用的进行品牌信息传播的媒介。

案例：宋城整合营销、集约竞争①

品牌营销是宋城集团品牌经营的重要环节，其营销模式是"统一策划、统一营销、统分结合、相互分工"。首先，公司的品牌策划与推广由集团公司统一管理，提出"给我一天，还你千年"的宣传口号，彰显了宋城景区以千年文化为主线，怀古寻根的主题。品牌宣传口号在央视等媒体上一经播出，品牌传播便取得了较好效果。其次，还要注重公共关系的发展，组织各种有影响力的活动去宣传品牌的信息，例如寻宝大行动、火把节等，宋城集团的这种整合营销传播模式，使品牌传播效果十分显著。

除上述品牌传播的模式之外，品牌传播的手段还包括聚合传播、互动传播、银弹传播等。

三、沙盘中的品牌投入控制操作

在沙盘操作中，品牌宣传费主要体现在竞标环节，如表6-5所示。

表6-5 品牌宣传费竞标环节

竞标单（　　）组

周期	第1~5个月	第6~10个月	第11~20个月	第21~30个月
上期好评率				
拖期（月）				
品牌宣传费（万元）				
价位选择（高、中、低）				
已有资质				
备选项目排序				

品牌宣传费用的多少将会影响最后的得分。教师端的项目竞标界面，见图6-10。

① 欧阳友权. 中国文化品牌报告 [M]. 北京：中国市场出版社，2010：408-409.

第二期项目竞标

组名	20% 上期好评率	20% 上期拖期 （月）	20% 品牌费 （万元）	40% 价位选择	得分	已选项目	项目总额	包含几个 节目（M）
A	100.0% 20.0	 20.0	15 20.0	低 40.0	100.0	P2-09	186	5
B	89.3% 17.9	 20.0	12 16	高 0	53.9	P2-06	103	3
C								

图 6-10　教师端的项目竞标界面

同样，品牌宣传费用也会对下月项目现金流和本期项目的最终利润产生一定的影响，见表 6-6。

表 6-6　品牌宣传费用呈现情况　　　　　　　　　　单位：万元

	作业	责任人	第6 个月	第7 个月	第8 个月	第9 个月	第10 个月
	期初现金余额		28				
期初	（1）清空费用栏/填写竞标单/支付品牌宣传费	业务与外联	12				
	（2）拿项目包/填写项目总金额		103				
	（3）领取本期项目预付款		29				
	（4）进行创意设计、市场调研、项目规划并支付费用	节目与策划	30				
	（5）发起众筹，收到众筹款	项目经理	30				
	（6）参与其他组的众筹，支付众筹金		0				

我们选取某班中的小组 A 和小组 B 的数据为例，分析了品牌宣传费以及节目研发与艺员培训费用投入高低对绩效的影响。根据沙盘中的规则可知，项目竞标受到 4 个因素的影响（图 6-11），在其他条件一定的情况下，品牌宣传费投入越高则该小组的综合评分越高，可以优先选择项目。

第二期项目竞标

组名	20% 上期好评率	20% 上期拖期 （月）	20% 品牌费 （万元）	40% 价位选择	得分	已选项目	项目总额	包含几个 节目（M）
A	100.0% 20.0	 20.0	15 20.0	低 40.0	100.0	P2-09	186	5
B	89.3% 17.9	 20.0	12 16	高 0	53.9	P2-06	103	3
C								

图 6-11　小组 A 与小组 B 第二期项目竞标

从图 6-11 可知，小组 A 比小组 B 多投入了 3 万元的品牌费，当期优先选择了 P2-09 项目包，而小组 B 只能接受剩下的 P2-06 项目包。两个小组在进行最优的项目规划后，小组 A 当期利润达到了 12 万元，小组 B 获得了利润 2 万元（如图 6-12 和图 6-13 所示）。小组 A 多投入的 3 万元品牌费可以优先选择较好的项目，因而多获得了 10 万元的利润。因此对小组 A 来说：本次多投入的品牌费是划算的。

第二期运营绩效

第二期综合费用明细表　单位：万元

项　　目	本期数
节目研发与艺员培训费	25
资质认证	0
品牌宣传费用	15
场地租赁	20
其他费用（拖期罚金）	0
贴现手续费	0
无法收回的应收款	0
合计	60

第二期利润表　单位：万元

项　　目	本期数
总收入	233
排练、服装道具、编剧	41
剧组工资和明星薪酬	72
总毛利	120
综合费用	60
创意设计/市场调研/项目规划费用	48
利润	12
收到的众筹分红	−2
总利润	10

图 6-12　小组 A 第二期运营绩效

第二期运营绩效

第二期综合费用明细表　单位：万元

项　　目	本期数
节目研发与艺员培训费	10
资质认证	0
品牌宣传费用	12
场地租赁	10
其他费用（拖期罚金）	0
贴现手续费	0
无法收回的应收款	0
合计	32

第二期利润表　单位：万元

项　　目	本期数
总收入	124
排练、服装道具、编剧	21
剧组工资和明星薪酬	39
总毛利	64
综合费用	32
创意设计/市场调研/项目规划费用	30
利润	2
收到的众筹分红	−1
总利润	1

图 6-13　小组 B 第二期运营绩效

从图 6-12 和图 6-13 中可以看出，在节目研发和艺员培训费用方面，小组 A 投入 25 万元，占本期项目总额的 13.44%；小组 B 投入 10 万元，占本期项目总额的 9.71%。因而，小组 A 拥有比小组 B 更好的本期好评率，进而影响本期卖座分红。小组 A 本期卖座分红款为 47 万元（186×25%≈47 万元），小组 B 本期卖座分红款为 21 万元（103×19.7%≈21 万元），这在一定程度上最终影响两个小组的本期利润，同时也会对各小组下一期的项目竞标产生影响。

复习思考题

1. 文化项目沙盘与现实运作中分别有哪些费用值得关注？
2. 如何理解利润与现金流？两者之间有何关系？
3. 在沙盘模拟进行进度控制时会出现哪些风险？该如何应对？
4. 文化项目运作过程中会出现哪些风险？在沙盘模拟时如何进行风险模拟？
5. 企业品牌投入对绩效有哪些影响？

参考答案请见本书配套 ppt。如需配套 ppt，请联系成都杰科力科技有限公司（028-81711073）。获取更多习题练习，请扫码关注微信公众号：上课宝。

第七章

第一期沙盘模拟演练与解读

第一节 第一期运营规划

一、第一期中标项目登记（表7-1）

表7-1 第一期中标项目登记表

序号	项目组成	定金	交付	尾款	总金额	应收账期	资质要求
P1-01	精品汇演（A4） 小型商演（A5）	（　）	（　）	（　）	（　）	2个月	无

二、第一期工作分解结构（WBS）

项目编号：P1-01

项目分解结构图（图7-1）：

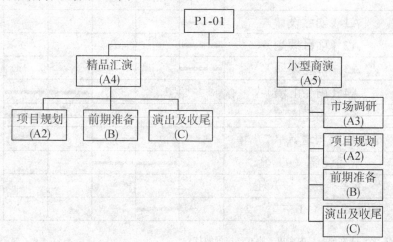

图7-1 第一期项目P1-01分解结构图

三、第一期项目 P1-01 工序逻辑关系(表 7-2)及项目网络图(图 7-2)

表 7-2　第一期项目 P1-01 工序逻辑关系

作业	紧前作业	所需时间
项目规划（A2）	——	1 个月
市场调研（A3）	——	1 个月
编剧（B1）	A2、A3	2 个月
招聘剧组（B2）	A2、A3	1 个月
服装道具（B3）	1/2B1	1 个月
彩排（B4）	1/2B1、B2	1 个月
精品汇演（A4）	A2，B1、B3、B4	2 个月
小型商演（A5）	A2、A3、B1、B3、B4	2 个月

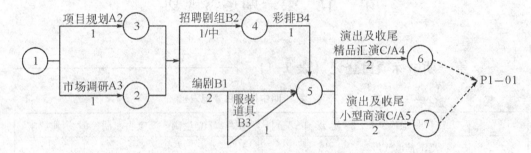

图 7-2　第一期项目 P1-01 网络图

四、第一期项目甘特图（图 7-3）

计划	第1个月	第2个月	第3个月	第4个月	第5个月
A1（创意设计）	▬				
A2（项目规划）	▬				
A3（市场调研）	▬				
A4（精品汇演）				▬	▬
A5（小型商演）				▬	
准备服装与道具（7）套			▬		
准备编剧（9）套		▬	▬		
准备排练（7）轮			▬		
招募剧组（Ⅰ中型）		▬			

注：如果有 2 个 A1 在同一月内完成，则在该格画两杠。

图 7-3　第一期项目甘特图

五、第一期项目现金支出计划（表7-3）

表7-3　第一期项目现金支出计划

单位：万元

计划	第1个月	第2个月	第3个月	第4个月	第5个月
剧组费用与明星费用			12	21	21
服装道具、编剧与排练费用		27	14		
节目研发与艺员培训费用					20
场地建设或租赁费用		20			
期间费用（品牌宣传费、贴现费等）	10				
项目前期费用（A1/A2/A3）	30				
资质认证费用					
总费用	40	47			
项目收款与其他回款	52	40			87
众筹收入					
期末剩余资金					

第二节　第一期运营过程控制

项目经理组织小组内的财务、业务与外联、项目与策划、场务与后勤负责填写表7-4，同时负责场务与后勤的同学还要兼顾盘面的控制（图7-4）。

表7-4　第一期运营表格

单位：万元

	作业	责任人	第1个月	第2个月	第3个月	第4个月	第5个月
	期初现金余额		30				
期初	（1）清空费用栏/填写竞标单/支付品牌宣传费	业务与外联					
	（2）拿项目包/填写项目总金额						
	（3）领取本期项目预付款						
	（4）进行创意设计、市场调研、项目规划并支付费用	节目与策划					
	（5）发起众筹，收到众筹款	项目经理					
	（6）参与其他组的众筹，支付众筹金						

表7-4(续)

	作业	责任人	第1个月	第2个月	第3个月	第4个月	第5个月
每月	(7) 支付应收款贴现费	财务主管					
	(8) 更新应收款，应收款到期收回或提前贴现，计算本金						
	(9) 本期无法收回的应收款金额	场务与后勤	编制进度计划				
	(10) 服装道具、编剧、排练向下移一格，开始准备下一批的服装道具、编剧、排练，支付费用						
	(11) 建设自有场地，支付场地建设费						
	(12) 租赁/退租场地，支付场地租赁费						
	(13) 剧组招募，把剧组放在盘面招聘位置	项目经理					
	(14) 决定是否竞标明星演员，支付明星演员薪酬						
	(15) 剧组上岗，项目推进/支付剧组工资（招募期不付工资）						
期末	(16) 节目研发打磨、艺员培训，支付费用（此费用影响好评率）	节目与策划					
	以上研发与培训费占总收入比率						
	(17) 获得较高好评，甲方同意支付的卖座分红款						
	(18) 演出项目完成，收到结算现金	业务与外联					
	(19) 新增应收款						
	(20) 项目拖期，交纳罚金						
	(21) 文化企业资质认证，支付认证费（第三期、第四期项目有些要求资质）	项目经理					
	(22) 偿还众筹资金						
	(23) 收到偿还的众筹资金	财务主管					
	(24) 现金盘点/结账						

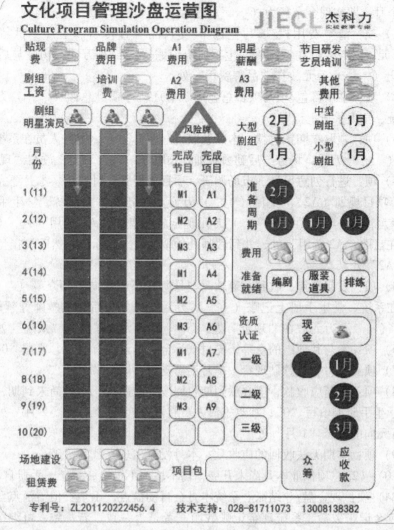

文化项目管理沙盘运营图
Culture Program Simulation Operation Diagram

注：沙盘中，"1月"指第 1 个月，"2月"指第 2 个月，"3"月指第 3 个月，依此类推。

图 7-4　文化项目管理沙盘运营图

　　各小组开始按照表 7-4 中的第（1）～（24）项内容逐项推演，相关负责人分别在电脑、手册上的相应表格记账，并做好图 7-4 的沙盘推演。系统和手册会对每月已经完成或者尚未发生的作业自动变为灰色，不用填写和推演；对于没有发生数字或其他变化的作业，账务人员在系统和手册上一律填写数字"0"。

一、初始状态

　　现金（　　）万元，（　　）万元 2 个月应收款。

　　场务与后勤：到教师处领取（　　）万元筹码，拿两个筹码筒。（　　）万元放在盘面"现金"处，（　　）万元放在"应收款 2 月"处。

二、第 1 个月运营状况

　　表 7-4 中第 1 个月第（10）～（23）项内容尚未发生，系统自动变为灰色，不填、

不推演。本月主要是完成表 7-4 中第 (1) ~ (9) 项和第 (24) 项的内容。

第 1 个月：期初现金余额为 ( ) 万元。

第 (1) 项：清空费用栏/填写竞标单/支付品牌宣传费。本月支付品牌宣传费 ( ) 万元。财务人员在系统、学生手册上记账 ( ) 万元，场务与后勤从"现金"里拿出 ( ) 万元放在"品牌费用"处。

第 (2) 项：拿项目包/填写项目总金额。本月填写项目总额 ( ) 万元，财务人员在系统、学生手册上记账。

第 (3) 项：领取本期预付款。本月领取 ( ) 万元，财务人员在系统、学生手册上记账 ( ) 万元，场务与后勤去教师处领取 ( ) 万元，放在"现金"处。

第 (4) 项：进行创意设计、市场调研、项目规划并支付费用。本月要完成创意设计 (A1)、项目规划 (A2)，支付 ( ) 万元。财务人员在系统、学生手册上记账 ( ) 万元，场务与后勤拿 ( ) 万元现金放在盘面"A1 费用"处，( ) 万元现金放在盘面"A2 费用"处，并到教师处领取 A1、A2 标识，然后放在盘面"完成项目 A1、A2"处。

第 (5) 项：发起众筹，收到众筹款。本月所有小组均向教师众筹 ( ) 万元。财务人员在系统、学生手册上记账 ( ) 万元，场务与后勤去教师处领取 ( ) 万元回来，( ) 万元放在"现金"处，( ) 万元放在盘面"众筹"处。

第 (6) 项：参与其他组的众筹，支付众筹金。本月没有参与，填写"0"。

第 (7) 项：支付应收款贴现费。本月不需支付，填写"0"。

第 (8) 项：更新应收款，应收款到期收回或提前贴现。本月尚未到期，财务人员在系统、学生手册上填写"0"，沙盘推演人员将放在盘面"应收款 2 月"处的应收款 ( ) 万元向前推至"1 月"处。

第 (9) 项：本期无法收回的应收款。本月没有出现，填写"0"。

第 (10)~(23) 项作业本月尚未开展，均不填、不推演，系统、手册自动为灰色。

第 (24) 项：现金盘点/结账。系统本月会自动盘点，不填。但需清点盘面现金数额、手册现金记账数额、系统现金记账数额三者是否一致。若一致，可继续进行；若不一致，需重新检查直至一致。

三、第 2 个月运营状况

表 7-4 中第 2 个月第 (1) ~ (6) 项内容已经完成，第 (14) ~ (23) 项内容尚未发生，系统和手册自动显现为灰色，不填、不推演。本月主要填写和推演第 (7) ~ (13) 项和第 (24) 项内容。

第 2 个月：期初现金余额为 ( ) 万元。

第 (7) 项：支付应收款贴现费。本月不需支付，填写"0"。

第 (8) 项：更新应收款，应收款到期收回或提前贴现。本月上个项目的应收款到期 ( ) 万元。财务人员在系统、学生手册上记账 ( ) 万元，沙盘推演人员将放在盘面"应收款 1 月"处的 ( ) 万元应收款向前推至"现金"处。

第 (9) 项：本期无法收回的应收款。本月没有出现，填写"0"。

第 (10) 项：服装道具、编剧、排练向下移一格，开始准备下一批的服装道具、编剧、排练并支付费用。本月开始准备编剧，编剧准备期是 2 个月，共支付 ( )

万元。财务人员在系统、学生手册上记账（　　　）万元；场务与后勤拿（　　　）万元现金到盘面"编剧费用"处，并到教师处领取编剧标识，放在编剧准备周期"2月"处。本月结束，将编剧标识移至"1月"处。

第（11）项：建设自有场地，支付场地建设费。本月不建场地，填写"0"。

第（12）项：租赁/退租场地，支付场地租赁费。本月租赁1个中型场地，支付（　　　）万元。财务人员在系统、学生手册上记账（　　　）万元；场务与后勤拿（　　　）万元现金放在盘面的"租赁费"处，并到教师处领取1个中型场地标识，放在进度"2月"处。

第（13）项：剧组招募，把剧组放在盘面招聘位置。中型剧组招募需1个月，剧组招募期不用支付费用。此处，记账人员填写"0"，场务与后勤到教师处领取1个中型剧组，放在盘面中型剧组"1月"处。本月结束，将剧组标识移至盘面"中型剧组"字样处，表示完成。

第（14）~（23）项作业均没有发生，不填、不推演。

第（24）项：现金盘点/结账。系统每月会自动盘点，不填；但需清点盘面现金数额、手册现金记账数额、系统现金记账数额三者是否一致。若一致，可继续进行；若不一致，需重新检查直至一致。

第2个月结束，将编剧标识从"2月"移至"1月"处，表示编剧还需要1个月准备，将剧组标识移至盘面"中型剧组"字样处，表示完成。

四、第3个月运营状况

表7-4中第3个月主要是填写和推演第（7）~（11）项以及第（14）项、第（15）项、第（24）项的内容，其余内容系统自动为灰色，不填、不推演。

第3个月：期初现金余额为（　　　）万元。

第（7）项：支付应收款贴现费。本月不需支付，填写"0"。

第（8）项：更新应收款，应收款到期收回或提前贴现。本月没有变化，填写"0"

第（9）项：本期无法收回的应收款。本月没有出现，填写"0"。

第（10）项：服装道具、编剧、排练向下移一格，开始准备下一批的服装道具、编剧、排练并支付费用。本月继续准备编剧，费用上月已经支付。本月还需要准备服装道具和彩排，共支付（　　　）万元。财务人员在系统、学生手册上记账（　　　）万元；场务与后勤拿（　　　）万元现金分别放到盘面"服装与道具费用"处和"排练费用"处，并到教师处领取标识，放在各自准备周期的"1月"处。本月结束，将编剧标识、服装与道具标识、彩排标识推到"准备就绪"处。

第（11）项：建设自有场地，支付场地建设费。本月不建场地，填写"0"。

第（12）~（13）项本月不填、不推演。

第（14）项：决定是否竞标明星演员，支付明星演员薪酬。本月只做决定，不发生费用，填写"0"。

第（15）项：剧组上岗，项目推进/支付剧组工资（招募期不付工资）。本期支付剧组工资（　　　）万元。财务人员在系统、学生手册上记账（　　　）万元；场务与后勤拿（　　　）万元现金放在沙盘"剧组工资"处。

第（16）~（23）项本月不填、不推演。

第（24）项：现金盘点/结账。系统本月会自动盘点，不填；但需清点盘面现金数额、手册现金记账数额、系统现金记账数额三者是否一致。若一致，可继续进行；若不一致，需重新检查直至一致。

本月结束后，场务与后勤分别把编剧标识、服装道具标识、排练标识从"准备周期"的"1月"处推至"准备就绪"处，表示这三项已经完成。同时去教师处领取该项目所需完成的 M1、M2、M3 和 A4、A5。将 M1、M2、M3 分别放在盘面"完成节目"下相对应的地方，A4 与 A5 放在盘面进度的"3月"处，表示 A4（精品汇演）和 A5（小型商演）已经在3月完成彩排，从4月正式演出。

五、第4个月运营状况

第4个月，将 A4 与 A5 的标识从盘面进度的"3月"处往下推至"4月"处，表示 A4（精品汇演）和 A5（小型商演）正式开始演出。表7-4中本月的第(7)~(11)项以及第（14）项、第（15）项、第（24）项内容需要填写，其余内容系统自动为灰色，不填、不推演。

第4个月：期初现金余额为（　　　）万元。

第（7）项：支付应收款贴现费。本月不需支付，填写"0"。

第（8）项：更新应收款，应收款到期收回或提前贴现。本月没有变化，填写"0"。

第（9）项：本期无法收回的应收款。本月没有出现，填写"0"。

第（10）项：服装道具、编剧、排练向下移一格，开始准备下一批的服装道具、编剧、排练并支付费用。本月没有变化，填写"0"。

第（11）项：建设自有场地，支付场地建设费。本月不建场地，填写"0"。

第（14）项：决定是否竞标明星演员，支付明星演员薪酬。本月需支付明星费用（　　　）万元。财务人员在系统、学生手册上记账（　　　）万元；场务与后勤拿（　　　）万元现金放在沙盘"明星薪酬"处。

第（15）项：剧组上岗，项目推进/支付剧组工资（招募期不付工资）。本期支付剧组工资（　　　）万元。财务人员在系统、学生手册上记账（　　　）万元；场务与后勤拿（　　　）万元现金放在沙盘"剧组工资"处。

第（24）项：现金盘点/结账。系统本月会自动盘点，不填；但需清点盘面现金数额、手册现金记账数额、系统现金记账数额三者是否一致。若一致，可继续进行；若不一致，需重新检查直至一致。

六、第5个月运营控制

第5个月：将 A4 与 A5 的标识从盘面进度的"4月"处往下推至"5月"处。

表7-4中本月第（1）~（6）项和第（12）项、第（13）项不需填写和推演；第（7）~（11）项填写数字"0"，不推演；第（14）~（24）项需要填写和推演。

第5个月：期初现金余额为（　　　）万元。

第（7）项：支付应收款贴现费。本月不需支付，填写"0"。

第（8）项：更新应收款，应收款到期收回或提前贴现。本月没有变化，填写"0"。

第（9）项：本期无法收回的应收款。本月没有出现，填写"0"。

第（10）项：服装道具、编剧、排练向下移一格，开始准备下一批的服装道具、编剧、排练并支付费用。本月没有变化，填写"0"。

第（11）项：建设自有场地，支付场地建设费。本月不建场地，填写"0"。

第（14）项：决定是否竞标明星演员，支付明星演员薪酬。本月需支付明星费用（　　）万元。财务人员在系统、学生手册上记账（　　）万元；场务与后勤拿（　　）万元现金放在沙盘"明星薪酬处"。

第（15）项：剧组上岗，项目推进/支付剧组工资（招募期不付工资）。本期支付剧组工资（　　）万元。财务人员在系统、学生手册上记账（　　）万元；场务与后勤拿（　　）万元现金放在沙盘"剧组工资"处。

第（16）项：节目研发打磨、艺员培训，支付费用（此费用影响好评率）。本月支付节目研发与艺员培训费（　　）万元。财务人员在系统、学生手册上记账（　　）万元；场务与后勤拿（　　）万元现金放在沙盘"培训费"处。

表中第（16）项下"以上研发与培训费占总收入比率"由系统自动换算，不用填写和推演。

第（17）项：获得较高好评，甲方同意支付的卖座分红款。本月获得（　　）分红款。财务人员在系统、学生手册上记账（　　）万元；场务与后勤从教师处领取（　　）万元现金放在沙盘"现金处"。

第（18）项：演出项目完成，收到结算现金。本月获得项目完成结算现金（　　）万元。财务人员在系统、学生手册上记账（　　）万元；场务与后勤拿（　　）万元现金放在沙盘"现金处"。

第（19）项：新增应收款。本月项目完成，新增应收款（　　）万元。财务人员在系统、学生手册上记账（　　）万元；场务与后勤到教师处领取（　　）万元放在盘面应收账款"2月"处。

第（20）项：项目拖期，交纳罚金。本月没有出现，不填、不推演。

第（21）项：文化企业资质认证，支付认证费。本月不打算资质认证，不填、不推演。

注：此时可以查看系统中第一期运营绩效，根据本期利润和签订的众筹协议计算出应该偿还的众筹金额。

第（22）项：偿还众筹资金。本月偿还众筹资金（　　）万元。财务人员在系统、学生手册上记账（　　）万元；场务与后勤从盘面"现金"处拿出（　　）万元还给教师。

第（23）项：收到偿还的众筹资金。本月没有参与其他小组众筹，填写"0"。

第（24）项：现金盘点/结账。盘点并填写本月现金，需清点盘面现金数额、手册现金记账数额、系统现金记账数额三者是否一致。若一致，可完成项目；若不一致，需重新检查直至一致。

第一期项目全部结束，此时学生可以点击第一期的项目绩效，查看赢利情况，将综合费用明细表和利润表填写完整，并清点盘面。

第三节　第一期运营总结

一、第一期运营绩效（图7-5）

综合费用明细表 单位：万元	
项目	本期数
节目研发与艺员培训费	20
资质认证	0
品牌宣传费用	10
场地租赁	20
其他费用（拖期罚金）	0
贴现手续费	0
无法收回的应收款	0
合计	50

利润表 单位：万元	
项目	本期数
总收入	233
排练、服装道具、编剧	41
剧组工资和明星薪酬	54
总毛利	138
综合费用	50
创意设计/市场调研/项目规划费用	30
利润	58
收到的众筹分红	-6
总利润	52

图7-5　第一期运营绩效展示图

二、第一期学习总结（表7-5）

请根据上述第一期运营流程的数据填写上页的现金支出计划，然后总结自身所对应的职责。

表7-5　第一期学习总结

团队分工与述职	
项目经理职责：	对应规则（请列明每个经理对应运营规则）
财务	
业务与外联	
项目与策划	
场务与后勤	

注意：实训分组以5~6人为最佳，其中项目经理1人，负责统筹整个项目；财务1人，负责在电脑上填写推演表格；业务与外联1~2人，负责在学生手册上填写扮演内容和业务联系；场务与后勤2人，负责拿筹码和摆盘，后勤管理。

参考文献

[1] 马旭晨. 项目管理成功案例精选 [M]. 北京：机械工业出版社，2010.

[2] 欧阳友权. 中国文化品牌报告 [M]. 北京：中国市场出版社，2010.

[3] 张立波. 文化产业项目管理策划与管理 [M]. 北京：北京大学出版社，2013.

[4] 金青梅. 文化产业项目管理 [M]. 西安：西安交通大学出版社，2011.

[5] 邱菀华，邓达，刘晓峰. 现代文化产业项目管理 [M]. 北京：机械工业出版社，2004.

[6] 戴世富. 品牌传播学 [M]. 广州：华南理工大学出版社，2009.

[7] 沈建明. 项目风险管理 [M]. 北京：机械工业出版社，2010.

[8] 何文炯. 风险管理 [M]. 北京：中国财政经济出版社，2005.

[9] 赵合喜. 企业经营决策沙盘模拟实训 [M]. 北京：高等教育出版社，2016.

[10] 郑志恒，孙洪，张文举. 项目管理概论 [M]. 北京：化学工业出版社，2012.

[11] 理查德·琼斯. 项目管理 [M]. 龚敏玲，译. 北京：中国铁道出版社，2008.

[12] 卢有杰. 现代项目管理学 [M]. 北京：首都经济贸易大学出版社，2011.

[13] 平云旺. 项目管理 [M]. 北京：中国法制出版社，2011.

[14] 苏永刚. 关于开展 ERP 沙盘模拟教学的研究 [D]. 成都：西南财经大学，2007.

[15] 王颖，朱嫒玲. ERP 沙盘模拟实训教学效果分析 [J]. 长春大学学报，2008，4 (5) 45-52.

[16] 肖枭. 湖南电视台祥和中国节目管理研究 [D]. 长沙：湖南大学，2012.

[17] 刘铁磊. 访谈文化产业项目管理的特点 [J]. 内蒙古艺术，2017 (1)：112.

附件一　第一期第1~5个月运营表格

附表1　第1~5个月中标项目登记表

序号	项目组成	定金	交付	尾款	总金额	应收账期	资质要求

1. 第1~5个月工作分解结构（WBS）

项目编号：

项目分解图：

项目网络图：

项目编号：
项目分解图：

项目网络图：

2. 第1~5个月项目计划

附表2　第一期进度计划（甘特图）

计划	第1个月	第2个月	第3个月	第4个月	第5个月
创意设计（A1）					
项目规划（A2）					
市场调研（A3）					
精品汇演（A4）					
小型商演（A5）					
综合商演（A6）					
综合商演（A7）					
综合商演（A8）					
大型综合商演（A9）					
准备服装与道具（　）套					
准备编剧（　）套					
准备彩排（　）轮					
招募剧组（　）个（　）型					

注：如果有2个A1在同一月内完成，则在该格画两杠。

附表3　第一期项目现金支出计划

单位：万元

计划	第1个月	第2个月	第3个月	第4个月	第5个月
剧组费用与明星费用					
服装道具、编剧与排练费用					
节目研发与艺员培训费用					
场地建设或租赁费用					
期间费用（品牌宣传费、贴现费等）					
项目前期费用（A1/A2/A3）					
资质认证费用					
总费用					
项目收款与其他回款					
众筹、贷款收入					
期末剩余资金					

单位：万元

	作业	责任人	第1个月	第2个月	第3个月	第4个月	第5个月
	期初现金余额		30				
期初	（1）清空费用栏/填写竞标单/支付品牌宣传费	业务与外联		▨	▨	▨	▨
	（2）拿项目包/填写项目总金额			▨	▨	▨	▨
	（3）领取本期项目预付款			▨	▨	▨	▨
	（4）进行创意设计、市场调研、项目规划并支付费用	节目与策划		▨	▨	▨	▨
	（5）发起众筹，收到众筹款	项目经理		▨	▨	▨	▨
	（6）参与其他组的众筹，支付众筹金			▨	▨	▨	▨
每月	（7）支付应收款贴现费	财务主管					
	（8）更新应收款，应收款到期收回或提前贴现，计算本金						
	（9）本期无法收回的应收款金额						
	（10）服装道具、编剧、排练向下移一格，开始准备下一批的服装道具、编剧、排练，支付费用	场务与后勤	编制进度计划				
	（11）建设自有场地，支付场地建设费						
	（12）租赁/退租场地，支付场地租赁费				▨	▨	▨
	（13）剧组招募，把剧组放在盘面招聘位置	项目经理		▨	▨	▨	
	（14）决定是否竞标明星演员，支付明星演员薪酬						
	（15）剧组上岗，项目推进/支付剧组工资（招募期不付工资）		▨	▨	▨	▨	
期末	（16）节目研发打磨、艺员培训，支付费用（此费用影响好评率）	节目与策划	▨	▨	▨	▨	
	以上研发与培训费占总收入比率						
	（17）获得较高好评，甲方同意支付的卖座分红款						
	（18）演出项目完成，收到结算现金	业务与外联					
	（19）新增应收款						
	（20）项目拖期，交纳罚金	项目经理					
	（21）文化企业资质认证，支付认证费（第三期、第四期项目有些要求资质）						
	（22）偿还众筹资金						
	（23）收到偿还的众筹资金	财务主管					
	（24）现金盘点/结账		▨				

第一期综合费用明细表 单位：万元	
项目	本期数
节目研发与艺员培训费	
资质认证	
品牌宣传费用	
场地租赁	
其他费用（拖期罚金）	
贴现手续费	
无法收回的应收款	
合计	

第一期利润表 单位：万元	
项目	本期数
总收入	
排练、服装道具、编剧	
剧组工资和明星薪酬	
总毛利	
综合费用	
创意设计/市场调研/项目规划费用	
利润	
收到的众筹分红	
总利润	

附图 1　第一期运营绩效情况展示图

3. 第 1~5 个月学习总结

请根据上述第 1~5 个月运营流程的数据填写上页的现金支出计划，然后总结自身所对应的职责。

附表 5　第一期学习总结

团队分工与述职	对应规则（请列明每个经理对应运营规则）
项目经理职责：	
财务经理：	
业务与外联经理：	
项目与策划经理：	
场务与后勤经理：	

附件二 第二期第 6~10 个月运营表格

附表 6　第 6~10 个月中标项目登记表

序号	项目组成	定金	交付	尾款	总金额	应收账期	资质要求

1. 第 6~10 个月工作分解结构（WBS）

项目编号：

项目分解图：

项目网络图：

项目编号：

项目分解图：

项目网络图：

2. 第6~10个月项目计划

附表 7   第二期进度计划（甘特图）

计划	第 6 个月	第 7 个月	第 8 个月	第 9 个月	第 10 个月
创意设计（A1）					
项目规划（A2）					
市场调研（A3）					
精品汇演（A4）					
小型商演（A5）					
综合商演（A6）					
综合商演（A7）					
综合商演（A8）					
大型综合商演（A9）					
准备服装与道具（ ）套					
准备编剧（ ）套					
准备彩排（ ）轮					
招募剧组（ ）个（ ）型					

注：如果有 2 个 A1 在同一月内完成，则在该格画两杠。

附表 8   第二期项目现金支出计划

单位：万元

计划	第 6 个月	第 7 个月	第 8 个月	第 9 个月	第 10 个月
剧组费用与明星费用					
服装道具、编剧与排练费用					
节目研发与艺员培训费用					
场地建设或租赁费用					
期间费用（品牌宣传费、贴现费等）					
项目前期费用（A1/A2/A3）					
资质认证费用					
总费用					
项目收款与其他回款					
众筹、贷款收入					
期末剩余资金					

单位：万元

作业		责任人	第6个月	第7个月	第8个月	第9个月	第10个月
	期初现金余额						
期初	（1）清空费用栏/填写竞标单/支付品牌宣传费	业务与外联		▨	▨	▨	▨
	（2）拿项目包/填写项目总金额			▨	▨	▨	▨
	（3）领取本期项目预付款			▨	▨	▨	▨
	（4）进行创意设计、市场调研、项目规划并支付费用	节目与策划		▨	▨	▨	▨
	（5）发起众筹，收到众筹款	项目经理		▨	▨	▨	▨
	（6）参与其他组的众筹，支付众筹金			▨	▨	▨	▨
每月	（7）支付应收款贴现费	财务主管					
	（8）更新应收款，应收款到期收回或提前贴现，计算本金						
	（9）本期无法收回的应收款金额		编制进度计划				
	（10）服装道具、编剧、排练向下移一格，开始准备下一批的服装道具、编剧、排练，支付费用	场务与后勤					
	（11）建设自有场地，支付场地建设费						
	（12）租赁/退租场地，支付场地租赁费				▨	▨	▨
	（13）剧组招募，把剧组放在盘面招聘位置				▨	▨	▨
	（14）决定是否竞标明星演员，支付明星演员薪酬	项目经理	▨	▨			
	（15）剧组上岗，项目推进/支付剧组工资（招募期不付工资）		▨	▨	▨	▨	▨
期末	（16）节目研发打磨、艺员培训，支付费用（此费用影响好评率）	节目与策划	▨	▨	▨	▨	▨
	以上研发与培训费占总收入比率		▨	▨	▨	▨	▨
	（17）获得较高好评，甲方同意支付的卖座分红款		▨	▨	▨	▨	▨
	（18）演出项目完成，收到结算现金	业务与外联	▨	▨	▨	▨	▨
	（19）新增应收款		▨	▨	▨	▨	▨
	（20）项目拖期，交纳罚金		▨	▨	▨	▨	▨
	（21）文化企业资质认证，支付认证费（第三期、第四期项目有些要求资质）	项目经理	▨	▨	▨	▨	▨
	（22）偿还众筹资金		▨	▨	▨	▨	▨
	（23）收到偿还的众筹资金	财务主管	▨	▨	▨	▨	▨
	（24）现金盘点/结账		▨	▨	▨	▨	▨

文化项目管理
沙盘模拟实验教程

第二期综合费用明细表 单位：万元		第二期利润表 单位：万元	
项目	本期数	项目	本期数
节目研发与艺员培训费		总收入	
资质认证		排练、服装道具、编剧	
品牌宣传费用		剧组工资和明星薪酬	
场地租赁		总毛利	
其他费用（拖期罚金）		综合费用	
贴现手续费		创意设计/市场调研/项目规划费用	
无法收回的应收款		利润	
合计		收到的众筹分红	
		总利润	

附图 2　第二期运营绩效展示图

3. 第 6~10 个月学习总结

请根据上述第 6~10 个月运营流程的数据填写上页的现金支出计划，然后总结自身所对应的职责。

附表 10　第二期学习总结

个人总结：你有哪些新的体验和收获？	团队总结：
	项目计划的可行性：
	项目的执行与控制：
	项目目标的实现情况：
	项目团队的配合情况

附件三　第三期第11~20个月运营表格

附表 11　第11~20个月中标项目登记表

序号	项目组成	定金	交付	尾款	总金额	应收账期	资质要求

1. 第11~20个月工作分解结构（WBS）

项目编号：

项目分解图：

项目网络图：

项目编号：

项目分解图：

项目网络图：

2. 第 11~20 个月项目计划

附表 12　第三期进度计划（甘特图）

计划	第11个月	第12个月	第13个月	第14个月	第15个月	第16个月	第17个月	第18个月	第19个月	第20个月
创意设计（A1）										
项目规划（A2）										
市场调研（A3）										
精品汇演（A4）										
小型商演（A5）										
综合商演（A6）										
综合商演（A7）										
综合商演（A8）										
大型综合商演（A9）										
准备服装与道具（　）套										
准备编剧（　）套										
准备彩排（　）轮										
招募剧组（　）个（　）型										

注：如果有 2 个 A1 在同一月内完成，则在该格画两杠。

附表 13　第三期项目现金流规划

单位：万元

计划	第11个月	第12个月	第13个月	第14个月	第15个月	第16个月	第17个月	第18个月	第19个月	第20个月
剧组费用与明星费用										
服装道具、编剧与排练费用										
节目研发与艺员培训费用										
场地建设或租赁费用										
期间费用（品牌宣传费、贴现费等）										
项目前期费用（A1/A2/A3）										
资质认证费用										
总费用										
项目收款与其他回款										
众筹、贷款收入										
期末剩余资金										

单位：万元

	作业	责任人	第11个月	第12个月	第13个月	第14个月	第15个月	第16个月	第17个月	第18个月	第19个月	第20个月
	期初现金余额											
期初	（1）清空费用栏/填写竞标单/支付品牌宣传费	业务与外联										
	（2）拿项目包/填写项目总金额											
	（3）领取本期项目预付款											
	（4）进行创意设计、市场调研、项目规划并支付费用	节目与策划											
	（5）发起众筹，收到众筹款	项目经理											
	（6）参与其他组的众筹，支付众筹金											
每月	（7）支付应收款贴现费	财务主管	编制进度计划									
	（8）更新应收款，应收款到期收回或提前贴现，计算本金											
	（9）本期无法收回的应收款金额为											
	（10）服装道具、编剧、排练向下移一格，开始准备下一批的服装道具、编剧、排练，支付费用	场务与后勤										
	（11）建设自有场地，支付场地建设费											
	（12）租赁/退租场地，支付场地租赁费											
	（13）剧组招募，把剧组放在盘面招聘位置											
	（14）决定是否竞标明星演员，支付明星演员薪酬	项目经理										
	（15）剧组上岗，项目推进/支付剧组工资（招募期不付工资）											

	作业	责任人	第11个月	第12个月	第13个月	第14个月	第15个月	第16个月	第17个月	第18个月	第19个月	第20个月
期末	（16）节目研发打磨、艺员培训，支付费用（此费用影响好评率）	节目与策划										
	以上研发与培训费占总收入比率											
	（17）获得较高好评，甲方同意支付的卖座分红款											
	（18）演出项目完成，收到结算现金	业务与外联										
	（19）新增应收款											
	（20）项目拖期，交纳罚金	项目经理										
	（21）文化企业资质认证，支付认证费（第三、第四期项目有些要求资质）											
	（22）偿还众筹资金											
	（23）收到偿还的众筹资金											
	（24）现金盘点/结账	财务主管										

第三期综合费用明细表 单位：万元	
项目	本期数
节目研发与艺员培训费	
资质认证	
品牌宣传费用	
场地租赁	
其他费用（拖期罚金）	
贴现手续费	
无法收回的应收款	
合计	

第三期利润表 单位：万元	
项目	本期数
总收入	
排练、服装道具、编剧	
剧组工资和明星薪酬	
总毛利	
综合费用	
创意设计/市场调研/项目规划费用	
利润	
收到的众筹分红	
总利润	

附图3　第三期运营绩效展示图

3. 第11~20个月学习总结

请根据上述第11~20个月运营流程的数据填写上页的现金支出计划；然后总结自身所对应的职责。

附表 15　第三期学习总结

个人总结：你有哪些新的体验和收获？	团队总结：
	项目计划的可行性：
	项目的执行与控制：
	项目目标的实现情况：
	项目团队的配合情况

附件四　第四期第 21~30 个月运营表格

附表 16　第 21~30 个月中标项目登记表

序号	项目组成	定金	交付	尾款	总金额	应收账期	资质要求

1. 第 21~30 个月工作分解结构（WBS）

项目编号：

项目分解图：

项目网络图：

项目编号：
项目分解图：

项目网络图：

2. 第 21~30 个月项目计划

计划	第21个月	第22个月	第23个月	第24个月	第25个月	第26个月	第27个月	第28个月	第29个月	第30个月
创意设计（A1）										
项目规划（A2）										
市场调研（A3）										
精品汇演（A4）										
小型商演（A5）										
综合商演（A6）										
综合商演（A7）										
综合商演（A8）										
大型综合商演（A9）										
准备服装与道具（　　）套										
准备编剧（　　）套										
准备彩排（　　）轮										
招募剧组（　　）个（　　）型										

注：如果有 2 个 A1 在同一月内完成，则在该格画两杠。

附表 18　第四期项目现金支出计划

单位：万元

计划	第21个月	第22个月	第23个月	第24个月	第25个月	第26个月	第27个月	第28个月	第29个月	第30个月
剧组费用与明星费用										
服装道具、编剧与排练费用										
节目研发与艺员培训费用										
场地建设或租赁费用										
期间费用（品牌宣传费、贴现费等）										
项目前期费用（A1/A2/A3）										
资质认证费用										
总费用										
项目收款与其他回款										
众筹、贷款收入										
期末剩余资金										

单位：万元

作业		责任人	第21个月	第22个月	第23个月	第24个月	第25个月	第26个月	第27个月	第28个月	第29个月	第30个月
期初现金余额												
期初	（1）清空费用栏/填写竞标单/支付品牌宣传费	业务与外联										
	（2）拿项目包/填写项目总金额											
	（3）领取本期项目预付款											
	（4）进行创意设计、市场调研、项目规划并支付费用	节目与策划										
	（5）发起众筹，收到众筹款	项目经理										
	（6）参与其他组的众筹，支付众筹金											
每月	（7）支付应收款贴现费	财务主管	编制进度计划									
	（8）更新应收款，应收款到期收回或提前贴现，计算本金											
	（9）本期无法收回的应收款金额											
	（10）服装道具、编剧、排练向下移一格，开始准备下一批的服装道具、编剧、排练，支付费用	场务与后勤										
	（11）建设自有场地，支付场地建设费											
	（12）租赁/退租场地，支付场地租赁费											
	（13）剧组招募，把剧组放在盘面招聘位置											
	（14）决定是否竞标明星演员，支付明星演员薪酬	项目经理										
	（15）剧组上岗，项目推进/支付剧组工资（招募期不付工资）											

作业		责任人	第21个月	第22个月	第23个月	第24个月	第25个月	第26个月	第27个月	第28个月	第29个月	第30个月
期末	（16）节目研发打磨、艺员培训，支付费用（此费用影响好评率）	节目与策划	░	░	░	░						
	以上研发与培训费占总收入比率		░	░	░	░						
	（17）获得较高好评，甲方同意支付的卖座分红款		░	░	░	░						
	（18）演出项目完成，收到结算现金	业务与外联	░	░	░	░						
	（19）新增应收款		░	░	░	░						
	（20）项目拖期，交纳罚金	项目经理	░	░	░	░	░	░	░	░	░	░
	（21）文化企业资质认证，支付认证费（第三、第四期项目有些要求资质）		░	░	░	░	░	░	░	░	░	░
	（22）偿还众筹资金		░	░	░	░	░	░	░	░	░	░
	（23）收到偿还的众筹资金		░	░	░	░	░	░	░	░	░	░
	（24）现金盘点/结账	财务主管	░	░	░	░	░	░	░	░	░	░

第四期综合费用明细表 单位：万元	
项目	本期数
节目研发与艺员培训费	
资质认证	
品牌宣传费用	
场地租赁	
其他费用（拖期罚金）	
贴现手续费	
无法收回的应收款	
合计	

第四期利润表 单位：万元	
项目	本期数
总收入	
排练、服装道具、编剧	
剧组工资和明星薪酬	
总毛利	
综合费用	
创意设计/市场调研/项目规划费用	
利润	
收到的众筹分红	
总利润	

附图4　第四期运营绩效展示图

3. 第21~30个月学习总结

请根据上述第21~30个月运营流程的数据填写上页的现金支出计划，然后总结自身所对应的职责。

个人总结：你有哪些新的体验和收获？	团队总结：
	项目计划的可行性：
	项目的执行与控制：
	项目目标的实现情况：
	项目团队的配合情况

项目管理沙盘培训总结：

✪本次培训过程中您印象最深的内容是什么？

✪您认为在整个培训过程中做对或做错哪些事？带来什么结果？

✪您有什么工具可用在以后的学习和生活中？

✪在文化项目管理工作，哪些工作是您原来没有想到的？

✪通过本次培训，您认为做好一个文化项目管理工作最关键的因素是什么？

附件五　竞标单

附表 21　竞标单（　　）组

周期	第 1~5 个月	第 6~10 个月	第 11~20 个月	第 21~30 个月
上期好评率				
拖期（月）				
品牌宣传费（万元）				
价位选择（高、中、低）				
已有资质				
备选项目排序				
一线演员薪酬（不低于 17 万元/节目）				
需要一线演员人数				
一线明星平均每人演出几个节目				
二线演员薪酬（不低于 12 万元/节目）				
需要二线演员人数				
二线明星平均每人演出几个节目				
三线演员薪酬（不低于 7 万元/节目）				
需要三线演员人数				
三线明星平均每人演出几个节目				
本期节目研发与艺员培训费率				

附件六　众筹协议

第_____期众筹协议书

甲方（发起人）：　　　　　　　乙方（众筹人）：

众筹金额（人民币：元）：¥　　　大写：人民币_____元整

经友好协商，甲方针对以下项目发起众筹，乙方基于公平、自愿的原则认购，甲方承诺此众筹款仅用于以下项目：

一、项目概况

项目序号：　　　　　　　　　　项目组成：

项目完成期限：_____个月　　项目预计总金额：_____万元

二、众筹股东的权益分配

本期末，如项目盈利，以该项目净利润的_____%作为乙方到期权益，同时归还乙方众筹本金。

如亏损，甲方扣除乙方承担亏损比例_____%后，归还乙方众筹本金。

其他约定：_____

_____

甲方（签字）：　　　　　　　　乙方（签字）：

第_____期众筹协议书

甲方（发起人）：　　　　　　　乙方（众筹人）：

众筹金额（人民币：元）：¥　　　大写：人民币_____元整

经友好协商，甲方针对以下项目发起众筹，乙方基于公平、自愿的原则认购，甲方承诺此众筹款仅用于以下项目：

一、项目概况

项目序号：　　　　　　　　　　项目组成：

项目完成期限：_____个月　　项目预计总金额：_____万元

二、众筹股东的权益分配

本期末，如项目盈利，以该项目净利润的_____%作为乙方到期权益，同时归还乙方众筹本金。

如亏损，甲方扣除乙方承担亏损比例_____%后，归还乙方众筹本金。

其他约定：_____

甲方（签字）：　　　　　　　　乙方（签字）：

第_____期众筹协议书

甲方（发起人）：_____乙方（众筹人）：

众筹金额（人民币：元）：¥_____大写：人民币_____元整

经友好协商，甲方针对以下项目发起众筹，乙方基于公平、自愿的原则认购，甲方承诺此众筹款仅用于以下项目：

一、项目概况

项目序号：　　　　　　　　　　　　　项目组成：

项目完成期限：_____个月　　　　　项目预计总金额：_____万元

二、众筹股东的权益分配

本期末，如项目盈利，以该项目净利润的_____%作为乙方到期权益，同时归还乙方众筹本金。

如亏损，甲方扣除乙方承担亏损比例_____%后，归还乙方众筹本金。

其他约定：_____

_____

甲方（签字）：　　　　　　　　　　　乙方（签字）：

第_____期众筹协议书

甲方（发起人）：　　　　　　　　　　乙方（众筹人）：

众筹金额（人民币：元）：¥　　　　　大写：人民币_____元整

经友好协商，甲方针对以下项目发起众筹，乙方基于公平、自愿的原则认购，甲方承诺此众筹款仅用于以下项目：

一、项目概况

项目序号：　　　　　　　　　　　　　项目组成：

项目完成期限：_____个月　　　　　项目预计总金额：_____万元

二、众筹股东的权益分配

本期末，如项目盈利，以该项目净利润的_____%作为乙方到期权益，同时归还乙方众筹本金。

如亏损，甲方扣除乙方承担亏损比例_____%后，归还乙方众筹本金。

其他约定：_____

_____

甲方（签字）：　　　　　　　　　　　乙方（签字）：